Das Leben ist eine Reise

Das Leben ist eine Reise

»Nachtgedanken«
mit Hans Joachim Kulenkampff

Herausgegeben
von Jürgen Lehmann

Herbig

Schutzumschlaggestaltung: Christel Aumann
unter Verwendung eines Fotos von Jochen Schlüter
Satz: Filmsatz Schröter GmbH, München
Gesetzt aus 10/12 Punkt Lino ITC Garamond auf Linotronic 300
Druck und Binden: Mohndruck Graphische Betriebe, Gütersloh
Printed in Germany
ISBN 3-7766-1626-1

Inhalt

Aristoteles, Seneca, Pascal, Kant, Schopenhauer, Einstein – der Umgang mit den Großen des Geistes kann sehr anregend sein.

Aber die Ehrfurcht vor ihnen sollte nicht das eigene kritische Denken hemmen.

Mehr als 1500 NACHTGEDANKEN haben mir manche Philosophen und Dichter, die ich vordem nur von ferne kannte, nähergebracht, und vielleicht möchten auch Sie die flüchtigen Bekanntschaften, die ich Ihnen zu nächtlicher Stunde vermittelt habe, vertiefen – diese Textsammlung wird Ihnen dazu verhelfen.

Hans Joachim Kulenkampff

»In der Jugend soll man nicht zögern, Philosophie zu betreiben, und im Alter darin nicht müde werden«, lesen wir bei Epikur.

Was Sie in diesem Lesebuch finden, orientiert sich nicht an einer bestimmten Weltsicht. Es war auch nicht die Absicht, Texte zusammenzutragen, die der Weisheit letzten Schluß verkünden sollen, denn den gibt es nicht.

Immer Suchende zu bleiben und das überkommene Weltbild ständig neu in Frage stellen zu müssen, das ist vermutlich unser Schicksal.

Wie in den vorangegangenen Bänden »NACHTGEDANKEN« und »GEDANKEN ZUR NACHT«, finden Sie auch hier Worte bedeutender Köpfe, die nach Antworten suchten auf Fragen, die so alt sind wie die Menschheit, die Fragen stellt. Es wird nicht von Nachteil sein für unser eigenes Denken, zu entdecken, daß wir nicht klüger geworden sind in den letzten zweitausend Jahren, und daß die neuen Fragen die alten geblieben sind.

Nehmen wir die Worte der Alten als Botschaft aus der Vergangenheit, und die Worte unserer Zeitgenossen als Aufforderung, fortzufahren mit dem Abenteuer des eigenen Denkens.

Jürgen Lehmann

Sinn des Lebens: Lebensweisheit

Albert Schweitzer

Über den Sinn der Welt

Nimmt man die Welt, wie sie ist, so ist es unmöglich, ihr einen Sinn beizulegen, in dem die Zwecke und Ziele des Wirkens des Menschen und der Menschheit sinnvoll sind. Weder die Welt- und Lebensbejahung noch die Ethik ist aus dem, was unsere Erkenntnis über die Welt aussagen kann, zu begründen. In der Welt ist für uns nichts von einer sinnvollen Evolution, in der unser Wirken eine Bedeutung bekommt, zu entdecken. Auch Ethisches tritt in keiner Weise in dem Weltgeschehen zutage. Der einzige Fortschritt des Erkennens ist, daß wir die Erscheinungen, die die Welt ausmachen, und ihren Ablauf immer eingehender beschreiben können! Den Sinn des Ganzen zu verstehen – und darauf kommt es der Weltanschauung an! – ist uns unmöglich. Die letzte Einsicht des Erkennens ist also, daß die Welt uns eine in jeder Hinsicht rätselhafte Erscheinung des universellen Willens zum Leben ist.

Ich glaube der erste im abendländischen Denken zu sein, der dieses niederschmetternde Ergebnis des Erkennens anzuerkennen wagt und in bezug auf unser Wissen von der Welt absolut skeptisch ist, ohne damit zugleich auf Welt- und Lebensbejahung und Ethik zu verzichten. Resignation in bezug auf das Erkennen der Welt ist für mich nicht der rettungslose Fall in einen Skeptizismus, der uns wie ein steuerloses Wrack in dem Leben dahintreiben läßt. Ich sehe darin die Wahrhaftigkeitsleistung, die wir wagen müssen, um von da aus zu der wertvollen Weltanschauung, die uns vorschwebt, zu gelangen. Alle Weltanschauung, die nicht von der Resignation des Erkennens ausgeht, ist gekünstelt und erdichtet, denn sie beruht auf einer unzulässigen Deutung der Welt.

Ist das Denken sich über das Verhältnis klargeworden, in dem Weltanschauung und Lebensanschauung zueinander stehen, so vermag es die Resignation des Erkennens und das Festhalten an Welt- und Lebensbejahung und Ethik miteinander zu vereinigen. Die Lebensanschauung ist nicht in der Weise von der Weltanschauung abhängig, wie es dem unkritischen Denken vorkommt. Sie dorrt nicht ab, wenn sie ihre Wurzeln nicht in eine entsprechende Weltanschauung senken kann. Sie kommt nicht aus dem Erkennen, obwohl sie sich im Erkennen begründen möchte. Sie ist imstande, auf sich selbst gestellt zu sein, denn sie wurzelt in unserem Willen zum Leben.

Karl Popper

Über den Sinn des Lebens

Zunächst eine Bemerkung über die Vieldeutigkeit des Wortes »Sinn« im Ausdruck »Sinn des Lebens«. Dieser Ausdruck wird manchmal so gebraucht, als wollte man damit von einem verborgenen inneren Sinn sprechen – etwa wie man von dem verborgenen Sinn eines Anagramms oder eines Sinngedichts oder vom Sinn des Chorus Mysticus in Goethes Faust sprechen kann. Aber die Lebensweisheit der Dichter und Philosophen hat uns gelehrt, daß jene Phrase »der Sinn des Lebens« in einer anderen Weise verstanden werden muß: daß der Sinn des Lebens nicht etwas Verborgenes ist, das wir im Leben finden oder entdecken können, sondern etwas, das wir selbst unserem Leben geben können. Wir können durch unser Tun und Lassen, durch unsere Arbeit und unser Wirken, durch unsere Einstellung zum Leben, zu anderen Menschen und zur Welt, unser Leben sinnvoll machen.

Damit wird die Frage nach dem Sinn des Lebens zu einer ethischen Frage. Sie wird zur Frage: Welche Aufgaben soll ich mir stellen, um mein Leben sinnvoll zu machen? Oder, in den Worten Kants: »Was soll ich tun?« Eine Teil-Antwort auf diese Frage geben die Kantischen Ideen der Freiheit und der Autonomie und seine Idee eines Pluralismus, der im wesentlichen nur durch die Idee der Gleichheit vor dem Gesetz und durch die Achtung der Freiheit anderer Menschen beschränkt ist; Ideen, die ebenso wie die der

Selbstbefreiung durch das Wissen dazu beitragen können, unserem Leben einen Sinn zu geben.

IMMANUEL KANT

Deines Lebens Sinn

Zwei Dinge erfüllen das Gemüt mit immer neuer und zunehmender Bewunderung und Ehrfurcht, je öfter und anhaltender sich das Nachdenken damit beschäftigt: der bestirnte Himmel über mir und das moralische Gesetz in mir.

Beide muß ich nicht als in Dunkelheiten verhüllt, außer meinem Gesichtskreise suchen und bloß vermuten; ich sehe sie vor mir und verknüpfe sie unmittelbar mit dem Bewußtsein meiner Existenz. Das erste fängt von dem Platze an, den ich in der äußeren Sinnenwelt einnehme, und erweitert die Verknüpfung, darin ich stehe, ins unabsehlich Große mit Welten über Welten in grenzenlosen Zeiten. Das zweite fängt von meinem unsichtbaren Selbst, meiner Persönlichkeit an und stellt mich in einer Welt dar, die wahre Unendlichkeit hat, und mit welcher ich mich nicht in bloß zufälliger, sondern allgemeiner und notwendiger Verknüpfung erkenne. Der erstere Anblick einer zahllosen Weltenmenge vernichtet gleichsam meine Wichtigkeit als eines tierischen Geschöpfs, das die Materie, daraus es ward, dem Planeten, einem bloßen Punkt im Weltall, wieder zurückgeben muß, nachdem es eine kurze Zeit, man weiß nicht wie, mit Lebenskraft versehen gewesen.

Der zweite erhebt dagegen meinen Wert unendlich durch meine Persönlichkeit, in welcher das moralische Gesetz mir ein von der Tierheit und selbst von der ganzen Sinnenwelt unabhängiges Leben offenbart.

Eines ist in unserer Seele, welches wir nicht aufhören können mit der höchsten Bewunderung zu betrachten, und wo die Bewunderung rechtmäßig, zugleich auch seelenerhebend ist; und das ist: die ursprüngliche moralische Anlage in uns.

Seneca

Weise leben, ist unsere Aufgabe

»Jeder geht so aus dem Leben, als wäre er eben erst in dasselbe eingetreten«, sagt Epikur. Nimm den ersten besten Jüngling, Greis oder Mann, und du wirst ihn in gleicher Furcht vor dem Tode, in gleicher Unkenntnis des Lebens finden. Keiner hat etwas fertig; denn immer verschieben wir unsere Geschäfte auf die Zukunft. Nichts ergötzt mich an jenem Ausspruch mehr, als daß den Greisen Kindheit vorgeworfen wird. »Niemand«, sagt er, »geht anders aus dem Leben, als wie er geboren wurde.« Dies aber ist falsch; wir sterben schlechter, als wir geboren werden, und dies ist unser eigener Fehler, nicht der der Natur. Diese muß sich über uns beklagen und sagen: Was soll das? Ich habe euch ohne Begierden, ohne Furcht, ohne Aberglauben, ohne Treulosigkeit und ohne alle übrigen Gebrechen geschaffen; so geht doch hinaus, wie ihr hereingetreten seid! Der hat die Weisheit erfaßt, der ebenso sorglos stirbt, wie er geboren wird. So aber zittern wir, wenn eine Gefahr sich naht... Was ist schimpflicher, als just auf der Schwelle der Sorgenlosigkeit ängstlich zu sein? Die Ursache aber ist diese, daß wir leer an allem Guten und auf Fristung des Lebens ängstlich bedacht sind. Denn kein Teil desselben bleibt bei uns zurück; es ist vorüber und zerronnen. Aber niemand sorgt dafür, daß er weise, sondern daß er lange lebe, während doch allen gelingen kann, weise, keinem jedoch, lange zu leben.

Hermann Hesse

Jeder, der seinen Weg geht ...

Jeder, der seinen Weg geht, ist ein Held. Jeder, der das wirklich tut und lebt, wozu er fähig ist, ist ein Held – und selbst wenn er dabei das Dumme oder Rückständige tut, ist er viel mehr als tausend andere, die von ihren schönen Idealen bloß reden, ohne sich ihnen zu opfern.

Dies gehört zu den Verwicklungen beim Betrachten der Welt: daß die schönen Gedanken, Ideale und Meinungen gar nicht immer auch in Händen der Edelsten und Besten sind.

Es kann ein Mensch für veraltete, überholte Götter aufs edelste kämpfen und sterben, er macht dann vielleicht den Eindruck eines Don Quichote, aber Don Quichote ist ja durch und durch Held, ist durch und durch adlig.

Umgekehrt kann ein Mensch sehr klug, belesen, redegeschickt sein, und schöne Bücher schreiben oder Reden halten, mit den bestechendsten Gedanken und Ideen, und kann doch bloß ein Schwätzer sein, der bei der ersten ernsten Forderung nach Opfer und Verwirklichung davonläuft.

Der »Held« ist nicht der gehorsame, brave Bürger und Pflichterfüller. Heldisch kann nur der Einzelne sein, der seinen »eigenen Sinn«, seinen edlen, natürlichen Eigensinn zu seinem Schicksal gemacht hat. »Schicksal und Gemüt sind Namen eines Begriffes«, hat Novalis gesagt, einer der tiefsten und unbekanntesten deutschen Geister.

Aber nur der Held ist es, der den Mut zu seinem Schicksal findet.
Würde die Mehrzahl der Menschen diesen Mut und Eigensinn haben, so sähe die Erde anders aus.

Laotse

Sie wissen nicht, daß sie träumen

Wie weiß ich denn, daß die Liebe zum Leben nicht doch nur ein Trug ist? Ist denn einer, der den Tod fürchtet, nicht bloß wie ein verirrtes Kind, das den Weg nach Hause nicht weiß? Li Tschi war die Tochter des Grenzwächters von Ai. Als der Fürst von Tschin sie nahm, weinte sie, bis ihr Kleid vorne tränendurchtränkt war. Aber als sie auf den Fürstenhof kam, mit dem Fürsten das Prunklager teilte und köstliche Speisen genoß, reute es sie, geweint zu haben. Woher weiß ich also, daß es die Toten nicht reut, vorher am Leben gehangen zu haben?

Die vom Gastmahl träumen, erwachen zu Trauer und Klage. Die von Trauer und Klage träumen, erwachen, um an der Jagd teilzunehmen. Während sie träumen, wissen sie nicht, daß sie träumen. Manche werden sogar den Traum, den sie gerade träumen, zu deuten versuchen, und erst beim Erwachen merken, daß es nur ein Traum war. Nach und nach kommt dann das große Erwachen, und wir erkennen alle, daß dieses Leben nichts war, als ein großer Traum. Nur Narren wähnen, sie seien jetzt wach und wüßten – der eine sei ein Fürst, der andere ein Hirte. Welch eine Beschränktheit! Konfuzius und Ihr seid beide nur Träume; und ich, der ich sage, Ihr seiet Träumer, bin selber auch nur ein Traum. Das ist ein Widersinn. Morgen mag ein Weiser aufstehen und ihn erklären – aber dieses Morgen wird wohl erst nach tausend Generationen eintreten. Frei-

lich könnt Ihr dem Weisen auch hinter der nächsten Straßenecke begegnen.
»Die Reinen der Vorzeit wußten nicht, was es heißt, das Leben zu lieben und den Tod zu hassen.«

Das Menschenleben auf dieser Welt ist nur wie die Gestalt eines Schimmels, der an einer Felsenschlucht vorüberflitzt. Im Augenblick ist er vorbei. In plötzlichem Erwachen entsteht das Leben; in plötzlichem Abgleiten vergeht es schweigend. Durch eine Veränderung wird man geboren, durch eine andere stirbt man. Die Lebewesen seufzen, und die Menschheit weint. Tut ab die Fesseln, streift ab die alte Haut – wohin soll nun des Menschen Seele gehen und der Leib mit ihr? Befindet sie sich etwa auf der langen Heimreise?

Dschuang-Dsi

Die Weisen des Altertums

Die vollkommenen Weisen des Altertums kannten weder die Liebe zum Leben noch den Haß auf den Tod.
Der Eintritt ins Leben war für sie kein Grund zur Freude, der Austritt aus ihm rief keinen Widerstand hervor.
Sie kamen und gingen in Gelassenheit. Sie vergaßen nicht ihren Anfang, noch fragten sie nach ihrem Ende.
Sie nahmen ihr Leben hin und freuten sich daran; sie vergaßen jegliche Furcht vor dem Tod und kehrten zurück zu dem Zustand vor ihrem Leben.
Es lag ihnen fern, dem Weltgesetz (Tao) zu widerstreben und den geringsten Versuch zu machen, mit menschlichen Mitteln das Göttliche befördern zu wollen.

Die Weisen des Altertums waren aufrecht und gerecht, ohne zu wissen, daß solches Tun Rechtschaffenheit darstellte. Sie liebten einander, ohne zu wissen, daß das Güte sei; sie waren ehrlich und wußten doch nicht, daß man dies Treue nennt. Sie hielten ihre Versprechen, ohne zu wissen, daß sie damit in Glaube und Vertrauen lebten; sie standen einander bei, ohne daran zu denken, Geschenke zu vergeben oder zu empfangen. So hinterließ ihr Handeln keine Spur, und uns erreichten keine Berichte über ihre Taten.

Der Weise fügt anderen keinen Schaden zu, aber er rühmt sich nicht seiner Güte und Großzügigkeit. Er läuft nicht herum, um Gewinn zu machen, aber er verachtet den Lastenträger nicht. Er müht sich nicht ab um Güter und Reichtum, aber er spielt sich nicht auf mit seinem Verzicht. Er bemüht andere nicht, seine Arbeit zu tun, aber rühmt sich nicht seiner Unabhängigkeit.

Seine Taten unterscheiden sich von denen der Masse, aber er brüstet sich nicht seiner Einzigartigkeit oder Besonderheit. Er ist zufrieden, sich im Hintergrund zu halten, aber er verachtet jene nicht, die vorpreschen und sich aufspielen. Keiner der Titel und keines der Ämter seines Zeitalters bringen ihn dazu, sich zu bemühen; keine Strafe und keine Schändung veranlassen ihn, sich zu schämen. Er weiß, daß keine Abgrenzung zwischen falsch und richtig möglich ist.

Gottfried Benn

Eine reine Heiterkeit als Lebensgrund...

Eine reine Heiterkeit als Lebensgrund, das ist Quatsch. Es soll Malaienvölker geben, so leicht, so zauberhaft, fast ungeprägt, Schmetterlinge, aber es ist die Südsee, es ist ein Traum, *wir* sind es nicht. Europa ist der Erdteil der Abgründe und der Schatten, denken Sie doch, daß im hellsten Griechenland Prometheus an den Felsen mußte und *wie* er litt!

Der Grundriß des Lebens bleibt: Jagd und Feuermachen und am Feuer das mit den Frauen, aber darüber erhob sich der Ausdruck, der Gedanke und gab allem seine artifizielle Beleuchtung, er wob seine Nebel, er schwelte seine Dämpfe, ließ einige höhere Strahlen hindurch, um sie aber gleich wieder zu verschleiern, und ließ bis heute die Grundfrage unentschieden: ist der Mensch ein moralisches Wesen oder ein denkerisches, beides zusammen kann er kaum sein, und augenblicklich spricht alles dafür, daß er das letztere sei.

Die astrale Ordnung, in der wir leben, ist eine Ausnahme. Der Gesamtcharakter der Welt ist dagegen in alle Ewigkeit Chaos. Von unserer Vernunft aus geurteilt, sind die verunglückten Würfe weitaus die Regel. Es, das All, hat auch keinen Selbsterhaltungstrieb und überhaupt keinen Trieb, es kennt auch keine Gesetze; da ist keiner, der befiehlt oder gehorcht, keiner, der übertritt. Hüten wir uns zu sagen, daß Tod dem Leben entgegengesetzt sei. Das Lebende ist nur eine Art des Toten und eine sehr seltene Art.

Es ist gar nichts klar. Die Augen öffnen sich im Unklaren und schließen sich im Verdunkelten; warum auch nicht; warum so wach, warum so voller Dränge; etwas ist wahrscheinlich da und lebt, aber was es ist, werden wir nie wissen.

Das Geheimnis des Glücks

Dschuang-Dsi

Glück?

Gibt es auf Erden überhaupt ein höchstes Glück, oder gibt es keines? Gibt es einen Weg, sein Leben zu wahren, oder gibt es keinen? Was soll man tun, woran soll man sich halten? Was soll man meiden, wo soll man bleiben? Wem soll man sich zuwenden, wovon soll man sich abwenden? Worüber soll man glücklich sein, was als Unglück betrachten? Was man auf Erden hochzuhalten pflegt, ist Reichtum, Ehre, langes Leben, Tüchtigkeit. Was man für Glück zu halten pflegt, ist ein gesunder Leib, Genüsse der Nahrung, schöne Kleider, Augenlust und die Welt der Töne. Was man für unwert hält, ist Armut, Niedrigkeit, früher Tod und Schlechtigkeit. Was man für Unglück hält, ist, wenn der Leib nicht sein Behagen findet, wenn der Mund nicht seine Genüsse findet, wenn man sich nicht in schöne Kleider hüllen kann, wenn man sich nicht ergötzen kann an schönen Farben und der Welt der Töne. So härmen die, denen diese Dinge nicht zuteil werden, sich mit viel Kummer und Furcht ab. In ihrer Sorge für das Leben sind sie zu Toren geworden. (Aber auch denen, die das Glück besitzen, geht es nicht besser.) Die Reichen mühen sich ab in harter Arbeit und sammeln viele Schätze, die sie doch nicht aufbrauchen können. In ihrer Sorge für das Leben haben sie sich an die Außenwelt verloren. Die Vornehmen fügen die Nacht zum Tag, um darüber nachzudenken, was sie fördert oder hindert. In ihrer Sorge für das Leben werden sie sich selber fremd. Bei der Geburt des Menschen wird das Leid zugleich geboren. Erreicht daher einer ein hohes Alter, so wird er nur stumpf und schwachsinnig, und sein langes Leid stirbt nicht. Was ist das für eine Bitternis! In seiner Sorge um sein Leben bleibt er doch fern vom Ziel.

Nun weiß ich nicht, ob das, was die Welt tut, was sie für Glück hält, tatsächlich Glück ist oder nicht. Wenn ich das betrachte, was die Welt für Glück hält, so sehe ich wohl, wie die Menschen in Herden diesem Ziele nachstreben und ihr Leben in die Schanze schlagen, als könnte es nicht anders sein, und alle sprechen, das sei das Glück. Aber Glück und Unglück liegt für mich noch nicht in diesen Dingen. (Was mir am Herzen liegt), das ist, ob es tatsächlich Glück gibt oder nicht. Ich halte das Nicht-Handeln für wahres Glück, also gerade das, was die Welt für die größte Bitternis hält. Darum heißt es: Höchstes Glück ist Abwesenheit des Glücks, höchster Ruhm ist Abwesenheit des Ruhms.

Bertrand Russell

Über die Ursachen des Glücks

Tiefinnerliches Glück hängt in erster Linie von freundschaftlicher Anteilnahme an Menschen und Dingen ab. Freundschaftliche Anteilnahme an Menschen ist eine ganz bestimmte Art der Zuneigung – nicht die fordernde, besitzergreifende Form, die immer auf deutliche Gegenäußerungen bedacht ist und im Gegenteil oft zur Quelle des Unglücks wird. Glück vermitteln kann nur jene andere Art, die die Menschen liebevoll beobachtet und ihre Wesenszüge durchdringt, die gern den Interessen und Liebhabereien der andern dient, ohne den Wunsch, Macht über sie zu gewinnen oder ihre begeisterte Bewunderung zu erregen. Der Mensch, der eine solche freundschaftliche Stellung zur Mitwelt einnimmt, wird Glück verbreiten und zu einem lebendigen Austausch freundlicher Gesinnung beitragen. Seine Beziehungen zu andern, ob flüchtiger, ob dauernder Natur, werden seine Interessen wie sein Gemüt befriedigen; er wird sich nicht von Undankbarkeit verbittern lassen, da er selten darunter zu leiden hat und sie, sollte es dennoch geschehen, nicht beachten wird. Kleine Manien seiner Mitmenschen, die anderen fürchterlich auf die Nerven gehen würden, sind ihm Anlaß zu leiser Erheiterung. Ohne Anstrengung wird er manches leisten, was andern trotz vieler Mühe nicht gelingt. Glücklich in sich selbst beruhend, wird er ein angenehmer Gesellschafter sein, was sein Glücksgefühl wiederum steigern wird. Nur echt muß alles sein; es darf kein aus dem Pflichtgefühl stammender Aufopferungswille bewußt dabei mitwirken. Pflichtgefühl ist bei der Arbeit etwas sehr Nützliches; wo es sich um persönliche Beziehungen handelt, schadet es jedoch nur. Die Menschen wollen nun einmal geliebt und nicht nur nachsichtig geduldet werden. Möglichst viele spontan und mühelos gern zu haben, ist vielleicht die ergiebigste aller Glücksmöglichkeiten für den einzelnen.

THEODOR W. ADORNO

Zweite Lese

Wacht man inmitten eines Traumes auf, und wäre es der ärgste, so ist man enttäuscht und kommt sich vor, als wäre man um das Beste betrogen worden. Glückliche Träume aber, erfüllte, gibt es eigentlich so wenig, wie, nach Schuberts Wort, fröhliche Musik. Noch dem schönsten bleibt wie ein Makel seine Differenz von der Wirklichkeit gesellt, das Bewußtsein vom bloßen Schein dessen, was er gewährt. Daher sind gerade die schönsten Träume wie beschädigt. Diese Erfahrung ist unübertrefflich in der Beschreibung des Naturtheaters von Oklahoma in Kafkas Amerika festgehalten.

Mit dem Glück ist es nicht anders als mit der Wahrheit: Man hat es nicht, sondern ist darin. Ja, Glück ist nichts anderes als das Umfangensein, Nachbild der Geborgenheit in der Mutter. Darum aber kann kein Glücklicher je wissen, daß er es ist. Um das Glück zu sehen, müßte er aus ihm heraustreten: er wäre wie ein Geborener. Wer sagt, er sei glücklich, lügt, indem er es beschwört, und sündigt so an dem Glück. Treue hält ihm bloß, der spricht: ich war glücklich. Das einzige Verhältnis des Bewußtseins zum Glück ist der Dank: das macht dessen unvergleichliche Würde aus.

SENECA

Sich selber treu bleiben

Von der Natur nicht abirren und sich nach ihrem Gesetz und Beispiel bilden ist Weisheit. Demnach besteht das glückliche Leben in der Übereinstimmung mit der eigenen Natur. Es kann nur unter gewissen Voraussetzungen gelingen: Einmal, wenn der Geist gesund ist und ständig im Besitz seiner Gesundheit bleibt. Wenn er weiterhin tapfer und energisch ist, wenn er Ungemach mit Bravour aushält, immer auf der Höhe seiner Zeit ist und um den Körper und was damit zusammenhängt, nicht ängstlich besorgt ist. Wenn er sich schließlich ohne allzu aufwendiges Bemühen um das Lebensnotwendige kümmert und wenn er schließlich Gebrauch macht von den Geschenken, die ihm das Schicksal macht, ohne sich jedoch diesem Schicksal zu unterwerfen.

Du wirst erkennen, ohne daß ich es besonders hinzufüge, daß all dem eine ständige Gelassenheit folgt, auch Freiheit, weil ja alles abgelegt ist, was beunruhigt oder ängstigt. Denn statt der Vergnügungen und geringwertigen und vergänglichen Dinge, die sogar niederträchtigen Naturen schaden, zieht eine große Freude ein, die nicht erschüttert werden kann und die sich gleich bleibt. In ihrem Gefolge finden sich Übereinstimmung des Geistes mit sich selber und Größe, gepaart mit Milde. Denn alle Roheit stammt aus der Schwachheit.

Liebe – Freundschaft

Friedrich Nietzsche

Man muß lieben lernen

– So geht es uns in der Musik: erst muß man eine Figur und Weise überhaupt *hören lernen*, heraushören, unterscheiden, als ein Leben für sich isolieren und abgrenzen; dann braucht es Mühe und guten Willen, sie zu *ertragen*, trotz ihrer Fremdheit, Geduld gegen ihren Blick und Ausdruck, Mildherzigkeit gegen das Wunderliche an ihr zu üben –: endlich kommt ein Augenblick, wo wir ihrer *gewohnt* sind, wo wir sie erwarten, wo wir ahnen, daß sie uns fehlen würde, wenn sie fehlte; und nun wirkt sie ihren Zwang und Zauber fort und fort und endet nicht eher, als bis wir ihre demütigen und entzückten Liebhaber geworden sind, die nichts Besseres von der Welt mehr wollen als sie und wieder sie. – So geht es uns aber nicht nur mit der Musik: gerade so haben wir alle Dinge, die wir jetzt lieben, *lieben gelernt*. Wir werden schließlich immer für unseren guten Willen, unsere Geduld, Billigkeit, Sanftmütigkeit gegen das Fremde belohnt, indem das Fremde langsam seinen Schleier abwirft und sich als neue unsägliche Schönheit darstellt –: es ist sein *Dank* für unsere Gastfreundschaft. Auch wer sich selber liebt, wird es auf diesem Wege gelernt haben: es gibt keinen anderen Weg. Auch die Liebe muß man lernen.

Karl Jaspers

Die Liebe höret nimmer auf

Der Liebeshymnus des Paulus (1. Kor. 13) beginnt: »Wenn ich mit Menschen- und Engelzungen redete, und hätte der Liebe nicht, so wäre ich ein tönend Erz und eine klingende Schelle. Und wenn ich alle Geheimnisse wüßte und alle Erkenntnis und hätte allen Glauben, und hätte der Liebe nicht, so wäre ich nichts. Und wenn ich alle mein Habe den Armen gäbe und ließe meinen Leib brennen, und hätte der Liebe nicht, so wäre mir's nichts nütze.«

Unvergeßlich sind diese Worte. Wir stimmen ein. In unserer Liebe sind wir, was wir eigentlich sind. Alles, was in uns Gewicht hat, ist im Ursprung Liebe.

Aber wissen wir, was Liebe sei? Der Sinn des Wortes ist vielfach.

Paulus fährt fort: »Die Liebe ist langmütig und freundlich, die Liebe eifert nicht, die Liebe treibt nicht Mutwillen, sie blähet sich nicht, sie stellet sich nicht ungebärdig, sie suchet nicht das Ihre, sie läßt sich nicht erbittern, sie rechnet das Böse nicht zu, sie freut sich nicht der Ungerechtigkeit.« Das ist recht und gut für den alltäglichen Umgang mit Menschen. Aber wie enttäuschend nach den anfänglichen beschwingenden Sätzen! Paulus sagt hier allein, was Liebe nicht tue, und spricht über eine ruhige, wohlwollende, duldende innere Verfassung.

Weiter sagt Paulus: »Nun aber bleibt: Glaube, Hoffnung, Liebe, diese drei, aber die Liebe ist die größte unter ihnen.«

»Die größte unter ihnen«, das könnte uns mehr und anderes sagen, als Paulus meint, nämlich: ein Glaube als Bekenntnisinhalt wird zweifelhaft; die Hoffnung stößt in der Welt auf Grenzen, an denen sie scheitert. Allein die Liebe trägt unsere Existenz. In unserer Liebe erfahren wir die einzige Gewißheit, die uns erfüllt und genugtut. Der Liebe erst geht die volle Wahrheit auf. Sie will durch keinen objektiven Glaubensinhalt und durch keine Hoffnung auf eine andere Welt getrübt werden.

»Die Liebe höret nimmer auf«, dies Pauluswort schließlich ist eine großartig einfache Chiffer. Für den Nichtchristen zwar ist es befremdend, wenn es mehr sagen will als das, was zwischen Menschen möglich ist. Zwischen Menschen kann die Liebe selbst das Ewige sein. Das Ewige kommt nicht später, sondern ist gegenwärtig.

KHALIL GIBRAN

Liebe

Die Kraft zu lieben ist Gottes größtes Geschenk an den Menschen, denn niemals wird es dem Gesegneten, der liebt, genommen werden.
Gestern stand ich am Tempeltor und befragte die Vorbeieilenden über Geheimnis und Sinn der Liebe.
Vor meinen Augen wanderte ein alter Mann vorbei, sein Gesicht war abgezehrt und voll Melancholie. Er seufzte vor sich hin und sagte:
»Die Liebe ist eine Schwäche der Natur, die seit Adam und Eva von Geschlecht zu Geschlecht weitergegeben wurde.«
Ein kräftiger Jüngling erwiderte:
»Die Liebe verbindet die Gegenwart mit Vergangenheit und Zukunft.«
Dann kam eine Frau, ihr Gesicht hatte einen tragischen Ausdruck; mit schmerzerfüllter Stimme sagte sie:
»Die Liebe ist ein tödliches Gift, das uns von schwarzen Vipern, die aus den Abgründen der Hölle hervorkriechen, eingeimpft wird. Das Gift scheint frisch zu sein wie der Tau am hellen Morgen, und die durstige Seele trinkt es gierig. Aber schon nach dem ersten Schluck ist der Mensch vergiftet, er erkrankt und stirbt eines langsamen Todes.«
Dann erschien ein schönes, rotwangiges junges Mädchen, und sie sagte lächelnd:
»Die Liebe gleicht dem Wein, der von den Bräuten der Morgendämmerung kredenzt wird, er macht starke Seelen

noch stärker und befähigt sie, zu den Sternen emporzusteigen.«

Nach ihr sprach ein bärtiger, schwarz gekleideter Mann, der finster dreinsah:

»Liebe ist die blinde Unwissenheit, mit der die Jugend beginnt und endet.«

Ein anderer erklärte lächelnd:

»Die Liebe ist ein göttliches Wissen, das es dem Menschen ermöglicht, ebensoviel wahrzunehmen wie die Götter.«

Hierauf sprach ein blinder Mann, der sich den Weg mit einem Stock ertastete:

»Die Liebe ist ein Nebel, der uns die Sicht nimmt. Sie verhindert, daß die Seele das Geheimnis der Existenz erkennt, so daß das Herz nur zitternde Schattenbilder des Verlangens inmitten von Hügeln wahrnimmt und nur das Echo von Schreien hört, die aus stimmlosen Tälern kommen.«

In dieser Art sprachen alle, die vorbeigingen, von der Liebe als Inbegriff ihrer Hoffnungen und Enttäuschungen. Die Liebe aber blieb das Geheimnis, das sie immer gewesen ist.

FRIEDRICH NIETZSCHE

Was alles Liebe genannt wird

Was Alles Liebe genannt wird. – Habsucht und Liebe: wie verschieden empfinden wir bei jedem dieser Worte! – und doch könnte es derselbe Trieb sein, zweimal benannt, das eine Mal verunglimpft vom Standpuncte der bereits Habenden aus, in denen der Trieb etwas zur Ruhe gekommen ist und die nun für ihre »Habe« fürchten; das andere Mal vom Standpuncte der Unbefriedigten, Durstigen aus, und daher verherrlicht als »gut«. Unsere Nächstenliebe – ist sie nicht ein Drang nach neuem *Eigenthum*? Und ebenso unsere Liebe zum Wissen, zur Wahrheit und überhaupt all jener Drang nach Neuigkeiten? Am deutlichsten aber verräth sich die Liebe der Geschlechter als Drang nach Eigenthum: der Liebende will den unbedingten Alleinbesitz der von ihm ersehnten Person, er will eine ebenso unbedingte Macht über ihre Seele wie ihren Leib, er will allein geliebt sein und als das Höchste und Begehrenswertheste in der andern Seele wohnen und herrschen. Erwägt man, dass diess nichts Anderes heisst, als alle Welt von einem kostbaren Gute, Glücke und Genusse *ausschliessen*: erwägt man, dass der Liebende auf die Verarmung und Entbehrung aller anderen Mitbewerber ausgeht und zum Drachen seines goldenen Hortes werden möchte, als der rücksichtsloseste und selbstsüchtigste aller »Eroberer« und Ausbeuter: erwägt man endlich, dass dem Liebenden selber die ganze andere Welt gleichgültig, blass, werthlos erscheint und er jedes Opfer zu bringen, jede Ordnung zu stören, jedes Interesse hintennach zu setzen bereit ist: so wundert man sich in der That, dass diese wilde Habsucht und Ungerechtigkeit der Geschlechtsliebe dermaassen verherrlicht und vergöttlicht worden ist, wie zu allen Zeiten geschehen, ja, dass man aus dieser Liebe den Begriff Liebe als den Gegensatz des Egoismus hergenommen hat, während sie vielleicht gerade der unbefangenste Ausdruck des Egoismus ist. Hier haben offenbar die Nichtbesitzenden und Begehrenden den Sprachgebrauch gemacht, – es gab wohl ihrer immer zu viele. Solche, welchen auf diesem Bereiche viel Besitz und Sättigung gegönnt war, haben wohl hier und da ein Wort vom »wüthenden Dämon« fallen lassen, wie jener liebenswürdigste und geliebteste aller Athener, Sophokles: aber Eros lachte jederzeit über solche Lästerer, – es waren immer gerade seine grössten Lieblinge. – Es giebt wohl hier und da auf Erden eine Art Fortsetzung der Liebe, bei der jenes habsüchtige Verlangen zweier Personen nach einander einer neuen Begierde und Habsucht, einem *gemeinsamen* höheren Durste nach einem über ihnen stehenden Ideale gewichen ist: aber wer kennt diese Liebe? Wer hat sie erlebt? Ihr rechter Name ist *Freundschaft*.

Martin Luther King

Liebet eure Feinde

Selbst im Bösesten von uns steckt etwas Gutes, selbst im Besten etwas Böses. Haben wir das erst entdeckt, so hassen wir unsere Feinde nicht mehr so leicht. Wenn wir unter die Oberfläche seiner bösen Tat schauen, so entdecken wir in unserem Feind auch ein Stück Güte. Die Lasterhaftigkeit und Boshaftigkeit bestimmen nicht sein ganzes Wesen. Dann sehen wir ihn in einem neuen Licht. Wir erkennen, daß sein Haß der Angst entspricht, dem Stolz, der Unwissenheit, dem Vorurteil und dem Mißverständnis. Aber wir wissen, daß zugleich auch Gottes Bild seinem Wesen unauslöschlich eingeprägt ist. Dann lieben wir unsere Feinde, weil wir begreifen, daß sie nicht völlig schlecht sind und daß sie nicht außerhalb der vergebenden Liebe Gottes stehen.

Liebe darf nicht mit Sentimentalität verwechselt werden. Liebe ist weit mehr als Gefühlsduselei. Vielleicht kann die griechische Sprache unsere Verwirrung auf diesem Gebiete erklären helfen. Im griechischen Neuen Testament werden drei Wörter für Liebe verwendet. *Eros* ist eine Art ästhetischer oder romantischer Liebe. In den Platonischen Dialogen ist Eros das Verlangen der Seele nach einem göttlichen Reich. Das zweite Wort ist *philia*, die gegenseitige Liebe, die Vertrautheit unter Freunden. Wir lieben diejenigen, die uns gefallen, wir lieben, weil wir geliebt werden. Das dritte Wort heißt *agape*, Verständnis und schöpferischer, erlösender guter Wille für alle Menschen. *Agape* ist überströmende Liebe, die keine Gegenleistung erwartet, sie ist göttliche Liebe, die im Menschenherzen wirksam wird. Auf diese Art lieben wir andere Menschen nicht, weil sie uns gefallen, weil ihre Art uns zusagt, oder weil sie einen göttlichen Funken besitzen; wir lieben jeden Menschen, weil Gott ihn liebt. Und so lieben wir auch den Missetäter, so sehr wir auch seine Missetat hassen.

Jetzt erkennen wir, was Jesus mit den Worten meinte: »Liebet eure Feinde!«

Jesus weiß, daß Lieben mehr ist als Gernhaben. Jesu Befehl bezieht sich weder auf *eros* noch auf *philia*. Er meint *agape*, meint Verständnis und schöpferischen, vergebenden guten Willen für alle Menschen.

KARL JASPERS

Mitleid ist nicht Liebe

Mitleid ist nicht Liebe, wenn auch Mitleid ebenso wie psychologisches Verstehen eine Manifestation des liebenden Verstehens ist. Mitleid ist am Leiden des Anderen selbst leidend, einerlei, welches Leid es ist. Das Mitleid hat nirgends Beziehung zum Absoluten, sondern ist bloß leidverneinend, es ist gar nicht auf das Individuum als Individuum gerichtet, sondern allgemein. Es ist darum entwürdigend für den, der davon getroffen wird, wird darum abgelehnt, wenn nicht in einer entwürdigten Einstellung das Erregen von Mitleid beim Anderen einem Elenden noch Erregung seiner letzten Machtinstinkte verschafft (daß er nämlich, wenn er auch absolut ohnmächtig ist, doch durch Erregung dieser Mitleidsgefühle noch wirkungsfähig ist; daß er doch so noch sich zum Mittelpunkt einer Beachtung machen kann). Mitleid erregt ferner beim Mitleidenden das Gefühl der Überlegenheit, weil es ihm besser geht, weil er im Helfen seine Macht fühlt. Es ist der äußerste Gegensatz von Liebe, in Mitleid, allgemeiner Menschenliebe, blindem Helfen, wo überhaupt Leid ist, sich auszuschütten. Niemals meint man dabei ein Individuum, niemals ein Absolutes, immer sich selbst. Man bleibt in der Einstellung, der der Wertgegensatz Leid und Lust der absolute ist. Man liebt nicht, wenn und weil man mitleidig ist.

Erich Fromm

Die Liebe in der zeitgenössischen westlichen Gesellschaft

Der moderne Mensch kommt tatsächlich dem Bild nahe, das Aldous Huxley in seinem Roman *Brave New World* (1946) beschreibt: Er ist gut genährt, gut gekleidet und sexuell befriedigt, aber ohne Selbst und steht nur in einem höchst oberflächlichen Kontakt mit seinen Mitmenschen ... Des Menschen Glück besteht heute darin, »seinen Spaß zu haben«. Und man hat seinen Spaß, wenn man sich Gebrauchsgüter, Bilder, Essen, Trinken, Zigaretten, Menschen, Zeitschriften, Bücher und Filme »einverleibt«, indem man alles konsumiert, alles verschlingt. Die Welt ist nur noch da zur Befriedigung unseres Appetits, sie ist ein riesiger Apfel, eine riesige Flasche, eine riesige Brust, und wir sind die Säuglinge, die ewig auf etwas warten, ewig auf etwas hoffen und ewig enttäuscht werden. Unser Charakter ist darauf eingestellt, zu tauschen und Dinge in Empfang zu nehmen, zu handeln und zu konsumieren. Alles und jedes – geistige wie materielle Dinge – werden zu Objekten des Tausches und des Konsums.

Wie nicht anders zu erwarten, ist auch die Liebe vom Gesellschafts-Charakter des modernen Menschen geprägt. Automaten können nicht lieben, sie tauschen ihre persönlichen Vorzüge aus und hoffen auf ein faires Geschäft. Einer der signifikantesten Ausdrücke im Zusammenhang mit Liebe und besonders im Zusammenhang mit einer solchermaßen entfremdeten Ehe ist die Idee des »Teams«. In zahllosen Artikeln über die glückliche Ehe wird deren Idealform als ein reibungslos funktionierendes Team beschrieben. Diese Beschreibung unterscheidet sich kaum von der eines reibungslos funktionierenden Angestellten, der »ziemlich unabhängig«, zur Zusammenarbeit bereit, tolerant und gleichzeitig ehrgeizig und aggressiv sein sollte. Dementsprechend soll der Ehemann, wie die Eheberater uns mitteilen, seine Frau »verstehen« und ihr eine Hilfe sein. Er soll ihr neues Kleid und ein schmackhaftes Gericht, das sie ihm vorsetzt, loben. Sie ihrerseits soll Verständnis dafür haben, wenn er müde und schlecht gelaunt heimkommt, sie soll ihm aufmerksam zuhören, wenn er über seine beruflichen Schwierigkeiten redet, und sich nicht ärgern, sondern es verständnisvoll aufnehmen, wenn er ihren Geburtstag vergißt. Beziehungen dieser Art laufen alle auf die gut geölte Beziehung zwischen zwei Menschen hinaus, die sich ihr ganzes Leben lang fremd bleiben, die nie zu einer Beziehung von Personmitte zu Personmitte gelangen, sondern sich lediglich höflich behandeln und versuchen, es dem anderen etwas leichter zu machen.

Bei dieser Auffassung von Liebe und Ehe kommt es in erster Linie darauf an, eine Zuflucht vor dem sonst unerträglichen Gefühl des Alleinseins zu finden. In der »Liebe« hat man endlich einen Hafen gefunden, der einen vor der Einsamkeit schützt. Man schließt zu zweit einen Bund gegen die Welt und hält dann diesen *égoisme à deux* irrtümlich für Liebe und Vertrautheit.

Gut und Böse – Tugend und Laster

Albert Schweitzer

Das Grundprinzip des Sittlichen

Bei Descartes geht das Philosophieren von dem Satze aus: »Ich denke, also bin ich.« Mit diesem armseligen, willkürlich gewählten Anfang kommt es unrettbar in die Bahn des Abstrakten. Es findet den Zugang zur Ethik nicht und bleibt in toter Welt- und Lebensanschauung gefangen. Wahre Philosophie muß von der unmittelbarsten und umfassendsten Tatsache des Bewußtseins ausgehen. Diese lautet: »Ich bin Leben, das leben will, inmitten von Leben, das leben will.« Dies ist nicht ein ausgeklügelter Satz. Tag für Tag, Stunde für Stunde wandle ich in ihm. In jedem Augenblick der Besinnung steht er neu vor mir. Wie aus nie verdorrender Wurzel schlägt fort und fort lebendige, auf alle Tatsachen des Seins eingehende Welt- und Lebensanschauung aus ihm aus. Mystik ethischen Einswerdens mit dem Sein wächst aus ihm hervor.

Wie in meinem Willen zum Leben Sehnsucht ist nach dem Weiterleben und nach der geheimnisvollen Gehobenheit des Willens zum Leben, die man Lust nennt, und Angst vor der Vernichtung und der geheimnisvollen Beeinträchtigung des Willens zum Leben, die man Schmerz nennt: also auch in dem Willen zum Leben um mich herum, ob er sich mir gegenüber äußern kann oder ob er stumm bleibt.

Ethik besteht also darin, daß ich die Nötigung erlebe, allem Willen zum Leben die gleiche Ehrfurcht vor dem Leben entgegenzubringen wie dem eigenen. Damit ist das denknotwendige Grundprinzip des Sittlichen gegeben. Gut ist, Leben erhalten und Leben fördern; böse ist, Leben vernichten und Leben hemmen.

Tatsächlich läßt sich alles, was in der gewöhnlichen ethischen Bewertung des Verhaltens der Menschen zueinander als gut gilt, zurückführen auf materielle und geistige Erhaltung oder Förderung von Menschenleben und auf das Bestreben, es auf seinen höchsten Wert zu bringen. Umgekehrt ist alles, was in dem Verhalten der Menschen zueinander als böse gilt, seinem letzten Wesen nach materielles oder geistiges Vernichten oder Hemmen von Menschenleben und Versäumnis in dem Bestreben, es auf seinen höchsten Wert zu bringen. Weit auseinanderliegende, untereinander scheinbar gar nicht zusammenhängende Einzelbestimmungen von Gut und Böse fügen sich wie zusammengehörige Stücke ineinander, sobald sie in dieser allgemeinsten Bestimmung von Gut und Böse erfaßt und vertieft werden.

Hermann Hesse

Eigensinn

Eine Tugend gibt es, die liebe ich sehr, eine einzige. Sie heißt Eigensinn. – Von allen den vielen Tugenden, von denen wir in Büchern lesen und von Lehrern reden hören, kann ich nicht so viel halten. Und doch könnte man alle die vielen Tugenden, die der Mensch sich erfunden hat, mit einem einzigen Namen umfassen. Tugend ist: Gehorsam. Die Frage ist nur, *wem* man gehorche. Nämlich auch der Eigensinn ist Gehorsam. Aber alle andern, so sehr beliebten und belobten Tugenden sind Gehorsam gegen Gesetze, welche von Menschen gegeben sind. Einzig der Eigensinn ist es, der nach diesen Gesetzen nicht fragt. Wer eigensinnig ist, gehorcht einem anderen Gesetz, einem einzigen, unbedingt heiligen, dem Gesetz in sich selbst, dem »Sinn« des »Eigenen«.

Es ist sehr schade, daß der Eigensinn so wenig beliebt ist! Genießt er irgendwelche Achtung? O nein, er gilt sogar für ein Laster oder doch für eine bedauerliche Unart. Man nennt ihn bloß da bei seinem vollen, schönen Namen, wo er stört und Haß erregt. (Übrigens: wirkliche Tugenden stören immer und erregen Haß. Siehe Sokrates, Jesus, Giordano Bruno und alle anderen Eigensinnigen.)

»Charakter« oder »Persönlichkeit« – das klingt nicht so derb und beinah lasterhaft wie »Eigensinn«. Das tönt schon hoffähiger, auch »Originalität« läßt man sich zur Not gefallen. Letztere freilich nur bei geduldeten Sonderlingen, bei

Künstlern und solchen Käuzen. In der Kunst, wo der Eigensinn keinen merklichen Schaden für Kapital und Gesellschaft anrichten kann, läßt man ihn als Originalität sogar sehr gelten, beim Künstler gilt ein gewisser Eigensinn geradezu für wünschenswert; man bezahlt ihn gut. Sonst aber versteht man unter »Charakter« oder »Persönlichkeit« in der heutigen Tagessprache etwas äußerst Verzwicktes, nämlich einen Charakter, der zwar vorhanden ist und gezeigt und dekoriert werden kann, der sich aber bei jedem irgend wichtigen Anlaß sorgfältig unter fremde Gesetze beugt. »Charakter« nennt man einen Mann, der einige eigene Ahnungen und Ansichten hat, aber nicht nach ihnen lebt. Er läßt nur ganz fein so je und je durchblikken, daß er anders denkt, daß er Meinungen hat. In dieser sanften und eitlen Form gilt Charakter auch schon unter Lebenden für Tugend. Hat aber einer eigene Ahnungen und lebt wirklich nach ihnen, so geht er des lobenden Zeugnisses »Charakter« verlustig, und es wird ihm nur »Eigensinn« zuerkannt.

Friedrich Nietzsche

Gebrochenes Licht

Man ist nicht immer tapfer, und wenn man müde wird, dann jammert Unsereiner auch wohl einmal in dieser Weise. »Es ist so schwer, den Menschen wehe zu tun – oh, daß es nötig ist! Was nützt es uns, verborgen zu leben, wenn wir nicht das für uns behalten wollen, was Ärgernis gibt? Wäre es nicht rätlicher, im Gewühl zu leben und an den einzelnen gutzumachen, was an allen gesündigt werden soll und muß? Töricht mit dem Toren, eitel mit dem Eitlen, schwärmerisch mit dem Schwärmer zu sein? Wäre es nicht billig, bei einem solchen übermütigen Grade der Abweichung im ganzen? Wenn ich von den Bosheiten anderer gegen mich höre – ist nicht mein erstes Gefühl das einer Genugtuung? So ist es recht! – scheine ich mir zu ihnen zu sagen – ich stimme so wenig zu euch und habe so viel Wahrheit auf meiner Seite: macht euch immerhin einen guten Tag auf meine Kosten, so oft ihr könnt! Hier sind meine Mängel und Fehlgriffe, hier ist mein Wahn, mein Ungeschmack, meine Verwirrung, meine Tränen, meine Eitelkeit, meine Eulen-Verborgenheit, meine Widersprüche! Hier habt ihr zu lachen! So lacht denn auch und freut euch! Ich bin nicht böse auf Gesetz und Natur der Dinge, welche wollen, daß Mängel und Fehlgriffe Freude machen! – Freilich, es gab einmal ›schönere‹ Zeiten, wo man sich noch mit jedem einigermaßen neuen Gedanken so *unentbehrlich* fühlen konnte, um mit ihm auf die Straße zu treten und jedermann zuzurufen; ›Siehe! das Himmelreich ist nahe herbeigekommen!‹ – Ich würde mich nicht vermissen, wenn ich fehlte. Entbehrlich sind wir alle!« – Aber, wie gesagt, so denken wir nicht, wenn wir tapfer sind: wir denken nicht *daran*.

Immanuel Kant

Der Schein des Guten

Die Menschen sind insgesamt, je zivilisierter, desto mehr Schauspieler; sie nehmen den Schein der Zuneigung, der Achtung vor anderen, der Sittsamkeit, der Uneigennützigkeit an, ohne irgend jemand dadurch zu betrügen, weil ein jeder weiß, daß es eben nicht herzlich gemeint ist. Und es ist auch sehr gut, daß es so in der Welt zugeht. Denn dadurch, daß Menschen diese Rolle spielen, werden zuletzt die Tugenden, deren Schein sie eine geraume Zeit hindurch nur gekünstelt haben, nach und nach wohl wirklich erweckt und gehen in die Gesinnung über.

Selbst der Schein des Guten an anderen muß uns wert sein: weil aus diesem Spiel mit Verstellungen, welche Achtung erwerben, ohne sie vielleicht zu verdienen, endlich wohl Ernst werden kann. – Nur der Schein des Guten in uns selbst muß ohne Verschonen weggewischt und der Schleier, womit die Eigenliebe unsere moralischen Gebrechen verdeckt, abgerissen werden: weil der Schein da betrügt, wo man durch das, was ohne allen moralischen Gehalt ist, die Tilgung seiner Schuld oder die Überredung, nichts schuldig zu sein, sich vorspiegelt.

ARTHUR SCHOPENHAUER

Über die Rache

Daß Rache süß sei, ist oft gesagt und wird bestätigt durch die großen Opfer, welche oft gebracht werden, bloß um sie zu nehmen, ohne daß der erlittene Schaden dadurch irgend geheilt werden konnte. *Walter Scott* sagt: *»revenge is the sweetest morsel to the mouth, that ever was cooked in hell!«* Die psychologische Erklärung der großen Süßigkeit der *Rache* ist folgende.

Alles Leiden, das von der Natur oder vom Zufall oder Schicksal auf uns geworfen wird, ist, *ceteris paribus*, nicht so schmerzlich, als das, was fremde Willkür uns zufügt. Dies kommt daher, daß wir Natur und Zufall als die Welt einmal beherrschend erkennen, was durch sie uns traf, hätte auch einen Andern getroffen, und im Leide aus dieser Quelle beklagen wir nur das gemeinsame Los der Menschheit. Das Leiden aus fremder Willkür hat dagegen eine ganz besondre *bittre Zugabe* zu dem zugefügten Schmerz oder Schaden selbst: es ist das Bewußtsein fremder Überlegenheit, sei es durch Gewalt oder List, bei eigener Ohnmacht dagegen. Den Schaden selbst, den man erlitten, heilt Ersatz, wenn er möglich ist: aber die *bittre Zugabe*, die oft mehr schmerzt als der Schaden selbst, heilt bloß die *Rache*: indem wir jetzt dem Beeinträchtiger, durch Gewalt oder List wieder Schaden zufügen, zeigen wir nun unsre Überlegenheit über ihn und annullieren dadurch den Beweis der seinigen. Dies gibt dem Gemüt die Befriedigung, nach der es dürstete. So ist erklärlich, daß je mehr Stolz oder Eitelkeit, desto mehr Rachsucht. Wie aber jeder erfüllte Wunsch sich als Täuschung entschleiert; so auch der der Rache: daher kann die genommene Rache nachher das Gewissen quälen: das Motiv zu derselben wirkt nicht mehr, und das Dokument unsrer eignen Bosheit bleibt vor uns stehn.

MARC AUREL

Selbstbetrachtungen

»Treibe nur weniges«, sagt der Weise, »wenn du guten Mutes sein willst.« – Ist es nicht besser, nur das Notwendige zu tun und was die Bestimmung des von Natur zu bürgerlicher Gemeinschaft bestimmten Wesens fordert und wie sie es fordert? Denn das bringt nicht nur deshalb guten Mut, weil wir Gutes tun, sondern auch deshalb, weil wir nur weniges tun. Denn wenn man das meiste von dem, was man redet und tut, als unnötig unterläßt, wird man mehr Muße und mehr Seelenruhe haben. Daher muß man sich auch in jedem einzelnen Falle selber daran erinnern: »Dies gehört doch nicht zu den notwendigen Dingen?« – Man muß aber nicht nur die unnötigen Handlungen unterdrükken, sondern auch [solche] Gedanken. Denn dann werden auch keine Handlungen folgen, die uns vom Wege ablenken.

Welche Gemütsruhe gewinnt der Mann, der sich nicht darum kümmert, was der andere sagt, tut oder denkt, sondern nur darum, was er selber tut, damit gerade dies gerecht und gottgefällig ist. Es entspricht doch wirklich nicht dem Wesen eines guten Menschen, nach den schwarzen Stellen im Charakter anderer auszuspähen; vielmehr muß er schnurgerade auf sein Ziel losgehen, ohne rechts und links zu blicken.

Denke fortan bei allem, was dein Herz kränken will daran, den Grundsatz anzuwenden: »Dies ist kein Unglück, aber es tapfer zu tragen, ist ein Glück!«

DSCHOU DUN-I

Chinesische Weisheiten

In der Tat Leistungen zu vollbringen ist ehrenwert. Nur dem Namen nach Leistungen zu vollbringen ist schmachvoll.
Darum strebt der edle Mensch unablässig, seine Tugenden zu erhöhen und sein Werk zu vervollkommnen, und seine Mühen gelten tatsächlichen Leistungen.
Hat man es in Tugenden und Werken nicht weit gebracht und zittert nun davor, daß andere davon erfahren könnten, so sucht man die Schmach von sich fernzuhalten.
Der Niedriggesinnte bemüht sich damit, Leistungen vorzutäuschen. Darum ist der edle Mensch in seiner Aufrichtigkeit immer heiter; der Niedriggesinnte in seinem Selbstbetrug immer unglücklich.

Es ist ein Unglück im Leben des Menschen, wenn er nichts über seine Fehler zu hören bekommt; ein noch größeres Unglück aber, wenn er der Reue nicht fähig ist. Man muß der Reue fähig sein, um belehrt werden zu können, und über seine Fehler gehört haben, um ein tüchtiger Mensch zu werden.

Kann man lernen, ein Weiser zu werden?
Ja.
Gibt es Grundregeln dafür?
Ja. Ein mit sich einiger Mensch zu sein ist die Grundregel.

Mit sich einig zu sein, das bedeutet, sich von Begehrlichkeit zu befreien. Ohne Begehrlichkeit erreicht der Mensch innere Ruhe und eine für alles aufnahmefähige Leere sowie die Fähigkeit, mit selbstloser Gerechtigkeit zu handeln.

Innere Ruhe und für alles aufnahmefähige Leere geben seinem Geist Klarheit. Mit der Klarheit seines Geistes wiederum vermag er alles zu durchdringen. Selbstlose Gerechtigkeit im Handeln eröffnet ihm den Sinn für die Allgemeinheit. Der Sinn für die Allgemeinheit macht ihn allumfassend. Klarheit, die alles durchdringt, und ein Sinn für die Allgemeinheit, der alles umfaßt – wer dies erreicht hat, ist er nicht schon ein Weiser!

Gustav Radbruch

Geduld – die Mutter der Kultur

Die christliche Ethik selbst verlangt vom Menschen nicht das Übermenschliche, sondern nur das Menschliche, wenn sie fordert, den Nächsten zu lieben wie sich selbst, und setzt damit ein Mindestmaß von Sicherung der Selbsterhaltung, also auch die zu diesem Zwecke erforderlichen rechtlichen Einrichtungen stillschweigend voraus. Nur wenn dem Triebe der Selbsterhaltung wenigstens zu einem Teile Genüge geschehen ist, kann der Antrieb zur Nächstenliebe überhaupt ins Bewußtsein treten.

Unter den vier Kardinaltugenden ist das Maß – wir können auch sagen: die Geduld. Jedenfalls sollte man die Ungeduld zu den Kardinallastern rechnen. Sie ist recht eigentlich eine Todsünde.

Ungeduld ist Unfähigkeit, die Vorläufigkeit irgendeines Zustandes zu ertragen – Leiden an der Vergänglichkeit, Drang zum Endgültigen. Aber es gibt nur ein Endgültiges – das ist der Tod. Und so ist Ungeduld Drang zum Tode – recht eigentlich eine Art langsamen Selbstmordes, fortdauernden Lebensmordes.

Geduld aber gewinnt dem Vergänglichen Dauerwert ab, sie hält den flüchtigen Augenblick fest, sie gewinnt den Sieg über die Zeit, weil sie keine Angst hat, Zeit zu verlieren, sie ist an jeder Stelle des Weges zugleich am Ziel und genießt in der Arbeit schon das Werk, das werden soll. Sie ist Gleichgewicht, Glaube, Vertrauen. Sie hat den persischen Teppich geschaffen und den gotischen Dom. Sie ist die sanfte Mutter der Kultur.

Mann und Frau

Lin Yutang

Als Gott das Weib erschuf

»Der Mann kann nicht mit einer Frau, aber er kann auch nicht ohne sie leben!« sagt Oscar Wilde.
Demnach wäre die Menschenweisheit um keinen Schritt weitergekommen in all den viertausend Jahren seit der Niederschrift der indischen Schöpfungsfabel, die wir jetzt zu erzählen gedenken, und bis zu den Ausruf Oscar Wildes. Wenn wir jener von den Hindu berichteten Schöpfungsgeschichte glauben dürfen, nahm Gott, als er das Weib erschuf, von der Schönheit der Blumen, vom Vogelsang, von den Farben des Regenbogens, vom Kuß des Zephirs, vom Gelächter der Wellen, von der Sanftmut des Lämmleins, von der Verschlagenheit des Fuchses, von der Unbeständigkeit der Wolken, vom Wankelmut des Regenwetters, wob all dies zusammen zu einem Geschöpfe weiblicher Art und stellte es dem Manne dar als sein ehelich Gemahl. Da war der Hindu-Adam vergnügt in seinem Sinn, und er und sein Weib wandelten nach Herzenslust auf der schönen Erde. Nach etlichen Tagen kam Adam zu Gott und sprach: »Nimm dies Weib weg von mir, denn ich kann nicht mir ihr leben!« Und Gott erhörte die Bitte und nahm Eva fort. Da ward Adam einsam und gar sehr unglücklich, und nach etlichen Tagen erschien er wieder bei Gott und sprach: »Gib mir mein Weib zurück, denn ich kann nicht leben ohne sie.« Und wiederum erhörte Gott seine Bitte und gab ihm Eva zurück. Nach ein paar Tagen aber, siehe da kam

Adam von neuem zu Gott und bat: »Bitte, nimm diese Eva zurück, die du geschaffen hast, denn ich schwöre, ich kann nicht mit ihr leben.« In seiner unendlichen Weisheit war ihm Gott abermals zu Willen, als aber Adam zum vierten Male erschien und klagte, er könne nicht leben ohne seine Gefährtin, da ließ Gott ihn versprechen, daß er sich nun nicht noch einmal anders entschließen, sondern sich auf Gedeih und Verderb mit ihr zusammentun und schlecht und recht auf dieser Erde leben wolle. An diesem Bilde, scheint mir, hat sich nichts Wesentliches geändert bis auf den heutigen Tag.

GEORGE BERNARD SHAW

Mann und Frau

Es würde das Ende des Menschengeschlechts bedeuten, wenn die Frauen moralisch oder physisch so empfindlich wären wie die Männer.

Da das Weib nach dem Mann geschaffen wurde, kam die Geschicklichkeit und die Übung, die bei seiner Erschaffung gewonnen wurde, ihr zugute.

Sexuell gesehen, ist die Frau von der Natur erfunden, um ihrem höchsten Produkt Dauer zu verleihen. Sexuell gesehen, ist der Mann die Erfindung der Frau, um das Geheiß der Natur auf die ökonomischste Weise zu erfüllen.

Es besteht ein erstaunlich verbreiteter Aberglaube, daß der sexuelle Instinkt beim Mann sich völlig wahllos auswirke und daß die leiseste Lockerung von Gesetz und Sitte einen wilden Ausbruch von Ausschweifungen zur Folge hätte. Aber, noch nie verliebte sich ein Mann in das ganze weibliche Geschlecht, noch eine Frau in das ganze männliche. Oft verlieben wir uns überhaupt nicht, und wenn, so in *einen* Menschen, und bleiben dann tausend anderen gegenüber, die täglich vor unseren Augen vorbeigehen, gleichgültig.

In Eheangelegenheiten irren selbst die allerklügsten Männer. – Selbstverständlich! Und warum? Weil ein Mann nur durch Erfahrung lernt, sich eine Gattin auszuwählen. Wir sprechen nicht gern mit den Kritikern über Kunst, weil – unter uns gesagt – die Kritiker uns manchmal überlegen sind und viele, man muß gerecht sein, sehr viel von Bildern verstehen. Aber es soll einmal einer selbst zu malen versuchen. Was für einen Wert hat dann also seine Wissenschaft? Genauso verstehen Philosophen, Romanschreiber und dergleichen Kerle sehr viel von Frauen; sie können über sie sprechen und die ehelichen Fehler anderer sehr geschickt auseinandersetzen. Wenn sie aber selber heiraten, wie schauen sie dann aus?

LUDWIG BÖRNE

Über die Eifersucht

Eifersucht ist der einzige verlorene Schmerz, die alleinigen Wehen in der ganzen Natur, welchen nie eine Geburt nachfolgt. Krankheiten stärken den Körper, Armut macht tätig und reich, Torheit macht weise, Ungewitter befruchten, was der Blitz zerstört, wird gut bezahlt, am Fuße flammenspeiender Berge blühen üppige Länder. Und gibt es Übel, die kein Gut begleitet, so sehen wir in der Erinnerung jeder überstandenen Not eine ähnliche Schwester der Freude. Aber die Eifersucht ist eine Wolke ohne Himmel, hinter ihr ist das schreckliche Nichts. Sie macht nicht stark, nicht weise, sie bessert, sie reinigt nicht, sie erwirbt nicht fremde Liebe, sie befreit nicht von der eigenen, und endet sie, so endet die Liebe mit ihr, und das Herz gewinnt nur die Ruhe des Grabes. Die Rückerinnerung dieser Qual, wie traurig ist sie! Der Leidende fühlt sich wie nach einem Schiffbruche auf dürren Meeresstrand geworfen; das Leben ist gerettet, aber das Fahrzeug, das alle seine Güter trug, haben die Wellen verschlungen, und als nackter Bettler wandert er durch die Welt.

Es gibt nichts Lächerlicheres als einen verliebten Mann; ein Goldfischchen in einer gläsernen Wasserglocke ist ein erhabener Anblick dagegen. Liebe einzuflößen ist das unaufhörliche Bestreben der Weiber. Sie wünschen dem Monde ein Herz, um es auszufüllen. Aber gleich Helden suchen sie nur den Kampf und verschmähen die Beute.

Nicht das Herz, das sich ihnen ergibt, das widerstehende achten sie. Darum hat der Eifersüchtige kein Mitleid zu erwarten; er ist *abgetan*. Der Gleichgültige beschäftigt alle ihre Sinne, Kräfte und Wünsche; sie haben keine Tränen für die Wunden, die sie schlugen, aber sie küssen die Hand, die *ihnen* Wunden schlägt. Man begießt und wartet die Bäume nur, bis der Herbst gekommen, und Eifersucht ist die überreife Frucht der Liebe. Das entlaubte Herz wird gespalten, und die schönen Gärtnerinnen wärmen ihre Winterstuben mit dem Holze. Wollt ihr Liebe erwerben, verbergt die eure; wollt ihr euch gegen Eifersucht schützen, erregt sie. Macht es wie die Wanderer im heißen Afrika. Wenn sie reißenden Tieren begegnen, werfen sie sich zur Erde, halten den Schlag ihres Herzens zurück; die Tiger kommen herbei, belecken den Scheintoten und gehen, ohne ihn zu verletzen, vorüber. Liebende Jünglinge! Haltet den Schlag eures Herzens zurück, die Weiber küssen euch dann und zerfleischen euch nicht!

Max Frisch

Wenn der Unselige ...

Wenn der Unselige, der mich gestern besucht hat, ein Mann, dessen Geliebte es mit einem andern versucht, wenn er ganz sicher sein könnte, daß die Gespräche eines andern, die Küsse eines andern, die zärtlichen Einfälle eines andern, die Umarmungen eines andern niemals an die seinen heranreichen, wäre er nicht etwas gelassener?
Eifersucht als Angst vor dem Vergleich.
Was hätte ich sagen können? Eine Trauer kann man teilen, eine Eifersucht nicht. Ich höre zu und denke: Was willst du eigentlich? Du erhebst Anspruch auf einen Sieg ohne Wettstreit, verzweifelt, daß es überhaupt zum Wettstreit kommt. Du redest von Treue, weißt aber genau, daß du nicht ihre Treue willst, sondern ihre Liebe. Du redest von Betrug, und dabei schreibt sie ganz offen, ganz ehrlich, daß sie mit ihm verreist ist. – Was, mein Freund, willst du eigentlich?
Man will geliebt sein.
Nur in der Eifersucht vergessen wir zuweilen, daß Liebe nicht zu fordern ist, daß auch unsere eigene Liebe oder was wir so nennen, aufhört, ernsthaft zu sein, sobald wir daraus einen Anspruch ableiten ...
Ferner weiß jeder, daß er für die Frau, der er in Eifersucht gegenübertritt, alles andere als gewinnend ist. Seine Eifersucht, offensichtliche Angst vor dem Vergleich, ist für sie nicht selten die erste Ermunterung, sich umzusehen, Ver-

gleiche anzustellen. Sie wittert plötzlich seine Schwäche. Sie blüht geradezu unter seiner Eifersucht – mit Recht findet er sie schöner als je! – blüht in unwillkürlicher Hoffnung, daß ihre Liebe (denn warum hätte er sonst solche Angst?) offenbar noch ganz andere Erfüllungen erfahren könnte...

Männer, die ihrer Kraft und Herrlichkeit sehr sicher sind, wirklich sicher, und Weiber, die ihres Zaubers sicher sind, so sicher, daß sie beispielsweise nicht jedem Erfolg ihres Zaubers nachgeben müssen, sieht man selten im Zustand der Eifersucht. Dabei fehlt es auch ihnen nicht an Anlaß! Aber sie haben keinen Grund zur Angst; zwar kennen sie den Verlust, die brennende Wunde, die keiner Liebe erspart bleibt, doch kommen sie sich darum nicht lächerlich vor, nicht verhöhnt, nicht minderwertig. Sie tragen es, nehmen es nicht als Niederlage, sowenig wie das Sterben eine Niederlage ist.

THEODOR W. ADORNO

Philemon und Baucis

– Der Haustyrann läßt von seiner Frau in den Mantel sich helfen. Eifrig besorgt sie den Liebesdienst und begleitet ihn mit einem Blick, der sagt: was soll ich machen, laßt ihm die kleine Freude, so ist er nun einmal, nur ein Mann. Die patriarchale Ehe rächt sich an dem Herrn durch die Nachsicht, welche die Frau übt und welche in den ironischen Klagen über männliche Wehleidigkeit und Unselbständigkeit zur Formel geworden ist. Unterhalb der verlogenen Ideologie, welche den Mann als Überlegenen hinstellt, liegt eine geheime, nicht minder unwahr, die ihn zum Inferioren, zum Opfer von Manipulation, Manövern, Betrug herabsetzt. Der Pantoffelheld ist der Schatten dessen, der hinaus muß ins feindliche Leben. Mit dem gleichen bornierten Scharfsinn wie der Gatte von der Gattin werden allgemein Erwachsene von Kindern eingeschätzt. In dem Mißverständnis zwischen seinem autoritären Anspruch und seiner Hilflosigkeit, das in der Privatsphäre notwendig zutage tritt, steckt ein Lächerliches. Jedes gemeinsam auftretende Ehepaar ist komisch, und das versucht das geduldige Verstehen der Frau auszugleichen. Kaum eine länger Verheiratete, die nicht durch Tuscheln über kleine Schwächen den Gemahl desavouierte. Falsche Nähe reizt zur Bosheit, und im Bereich des Konsums ist stärker, wer die Hände auf den Dingen hat. Hegels Dialektik von Herr und Knecht gilt nach wie vor in der archaischen Ordnung des

Hauses und wird verstärkt, weil die Frau verbissen an dem Anachronismus festhält. Als verdrängte Matriarchin wird sie dort gerade zum Meister, wo sie dienen muß, und der Patriarch braucht nur als solcher zu erscheinen, um Karikatur zu sein. Solche gleichzeitige Dialektik der Zeitalter hat dem individualistischen Blick sich als »Kampf der Geschlechter« präsentiert. Beide Gegner haben Unrecht. In der Entzauberung des Mannes, dessen Macht auf dem Geldverdienen beruht, das als menschlicher Rang sich aufspielt, drückt die Frau zugleich die Unwahrheit der Ehe aus, in der sie ihre ganze Wahrheit sucht. Keine Emanzipation ohne die der Gesellschaft.

Jugend und Alter

Werner Bergengruen

Das vierte Gebot

Wir zeugen Kinder, nicht um geliebt zu werden, sondern um zu lieben; fast möchte man sagen, um lebenslang an einer unerwiderten Liebe zu kranken. Werden Geliebte, Gattinnen, Geschwister und Freunde geliebt, so geschieht es in der Hoffnung auf Gegenliebe; zum mindesten in dem Gedanken, daß die Gegenliebe möglich ist. Die Liebe zu den Kindern ist vielleicht die stärkste Liebe; denn sie weiß, daß sie nichts zu hoffen hat. Diese Liebe hat ihr Urbild in der Liebe Gottes zu seiner Schöpfung; dem Menschen mußte die Liebe zu seinem Schöpfer gebotsweise anbefohlen werden.

Das vierte Gebot ist den Kindern gegeben. Ein analoges Gebot den Eltern aufzuerlegen, wäre ohne Sinn. Denn die Liebe des Menschen zu dem von ihm Gezeugten ist natürlich, und auch das Tierreich kennt Ähnliches. Die Liebe des Erzeugten zum Erzeuger dagegen ist zwar nicht widernatürlich, aber unnatürlich, das heißt: durch kein Naturgesetz verbrieft. Daher mußte sie durch ein Gebot anbefohlen werden. Liebe indessen läßt sich nicht befehlen. So sagt denn auch das Gebot nicht: »du sollst Vater und Mutter lieben«, sondern es begnügt sich mit der Forderung, die Eltern zu ehren. »Ehre Vater und Mutter«, das bedeutet: handle so, als ob du sie liebtest; kannst du keine Liebe aufbringen, so lasse die Pietät an deren Stelle sein.

Das vierte Gebot ist schwerer zu erfüllen als jene Geheiße,

die Abgötterei, Menschentötung, Diebstahl und Abgabe falschen Zeugnisses untersagen. Es deutet seine Schwererfüllbarkeit durch den Nachdruck an, mit dem es verkündigt wird. Es hat eine große Verheißung, und das schließt für den Fall des Verstoßes eine schwere Strafandrohung ein.

Weil sie Menschen sind, kennen alle Eltern das Gesetz vom Gegensatz der einander folgenden Generationen. Aber fast immer sind sie der Hoffnung, oft gar des festen Glaubens, es werde auf das Verhältnis zwischen ihnen und ihren Kindern keine Anwendung finden. Eines Tages haben sie zu erkennen, daß sie sich geirrt haben. Sie werden von ihren Kindern ebenso unbarmherzig gerichtet werden, wie sie selber ehemals ihre Eltern richteten. Das gehört zu den notwendigen Schmerzen, und die Kinder sind bestimmt, diese Erfahrung dereinst ebenfalls zu machen.

Fast jeder Vater kommt einmal auf die Idee, der Freund seiner Kinder sein zu wollen, womöglich gar das auszusprechen, und sieht sich bald enttäuscht. Kinder haben ein feines Gefühl für das Gewaltsame, das Naturwidrige, das in solchen Versuchen liegt. Das Werben der Eltern um die Liebe der Kinder hat für die Kinder etwas Befremdendes.

Das alles gilt für die Kinder, solange sie jung sind. Es ist ein Trost der Eltern, daß die Liebe der Kinder sich ihnen zuwenden kann, wenn die Kinder erwachsen, die Eltern alt sind.

ARTHUR SCHOPENHAUER

Jugend und Alter

Die Jugend heißt die glückselige Zeit des Lebens, und *das Alter* die traurige. Das wäre wahr, wenn die Leidenschaften glücklich machten. Von ihnen wird die Jugend stark bewegt und hat davon wenig Lust und viele Pein. Das kühle Alter wird nicht so davon hin- und hergerissen, hat Ruhe und bekommt einen kontemplativen Anstrich: die Erkenntnis ist an sich schmerzlos; je mehr sie allein das Bewußtsein füllt, desto glücklicher ist es. Man halte nur fest, daß alles Glück negativ, der Schmerz positiv ist: da wird das Konto der Leidenschaften bald klar sein. Wo läge denn das Traurige des Alters? – In Krankheit und Langerweile. Erstere ist ihm gar nicht wesentlich: gegen letztere schützt Geist und Gelehrsamkeit. Auch läuft die Zeit im Alter schneller. Die Geisteskräfte nehmen zwar auch ab: aber an sich macht der hohe Grad derselben, das Genie, nicht glücklich. Und um die Langeweile zu bekämpfen wird genug übrig bleiben, wo viel war. Auch nimmt von einer andern Seite durch Erfahrung, Kenntnisse, Übung, Nachdenken die Einsicht immer noch zu und ersetzt in gewissem Grade die Abnahme der eigentlichen Kräfte des Geistes. Der Verlust der Körperkräfte schadet wenig, wo man sie nicht zum Erwerb braucht. Aber Armut im Alter ist ein Unglück. Ist diese gebannt und die Gesundheit geblieben; so kann das Alter der erträglichste Teil des Lebens sein.

Karl Barth

Lebensregeln für ältere Menschen im Verhältnis zu jüngeren

1. Du sollst dir klar machen, daß die jüngeren, die verwandten und sonst lieben Menschen beiderlei Geschlechts ihre Wege nach ihren eigenen (nicht deinen) Grundsätzen, Ideen und Gelüsten zu gehen, ihre eigenen Erfahrungen zu machen und nach ihrer eigenen (nicht deiner) Fasson selig zu sein und zu werden das Recht haben.
2. Du sollst ihnen also weder mit deinem Vorbild noch mit deiner Altersweisheit, noch mit deiner Zuneigung, noch mit Wohltaten nach deinem Geschmack zu nahe treten.
3. Du sollst sie in keiner Weise an deine Person binden und dir verpflichten wollen.
4. Du sollst dich weder wundern noch gar ärgern und betrüben, wenn du merken mußt, daß sie öfters keine oder nur wenig Zeit für dich haben, daß du sie, so gut du es mit ihnen meinen magst und so sicher du deiner Sache ihnen gegenüber zu sein denkst, gelegentlich störst und langweilst und daß sie dann unbekümmert an dir und deinen Ratschlägen vorbeibrausen.
5. Du sollst bei diesem ihrem Tun reumütig denken, daß du es in deinen jüngeren Jahren den damals älteren Herrschaften gegenüber vielleicht (wahrscheinlich) ganz ähnlich gehalten hast.
6. Du sollst also für jeden Beweis von echter Aufmerksamkeit und ernstlichem Vertrauen, der dir von ihrer Seite

widerfahren mag, dankbar sein, du sollst aber solche Beweise von ihnen weder erwarten noch gar verlangen.
7. Du sollst sie unter keinen Umständen fallen lassen, sollst sie vielmehr, indem du sie freigibst, in heiterer Gelassenheit begleiten, im Vertrauen auf Gott auch ihnen das Beste zutrauen, sie unter allen Umständen lieb behalten und für sie beten.

Matthias Claudius an seinen Sohn Johannes

Lieber Johannes!

Die Zeit kommt allgemach heran, daß ich den Weg gehen muß, den man nicht wieder kömmt. Ich kann Dich nicht mitnehmen; und lasse Dich in einer Welt zurück, wo guter Rat nicht überflüssig ist.

Niemand ist weise von Mutterleibe an; Zeit und Erfahrung lehren hier und fegen die Tenne.

Ich habe die Welt länger gesehen als Du.

Darum will ich Dir einigen Rat geben und Dir sagen, was ich funden habe und was die Zeit mich gelehret hat.

Es ist nichts groß, was nicht gut ist; und nichts wahr, was nicht bestehet.

Die Wahrheit richtet sich nicht nach uns, lieber Sohn, sondern wir müssen uns nach ihr richten.

Was Du sehen kannst, das siehe, und brauche Deine Augen, und über das Unsichtbare und Ewige halte Dich an Gottes Wort.

Bleibe der Religion Deiner Väter getreu und hasse die theologischen Kannengießer.

Scheue niemand so viel als Dich selbst. Inwendig in uns wohnet der Richter, der nicht trügt, und an dessen Stimme uns mehr gelegen ist als an dem Beifall der ganzen Welt.

Lerne gerne von andern, und wo von Weisheit, Menschenglück, Licht, Freiheit, Tugend etc. geredet wird, da höre fleißig zu. Doch traue nicht flugs und allerdings, denn die Wolken haben nicht alle Wasser, und es gibt mancherlei

Weise. Sie meinen auch, daß sie die Sache hätten, wenn sie davon reden können und davon reden. Das ist aber nicht, Sohn. Man hat darum die Sache nicht, daß man davon reden kann und davon redet. Worte sind nur Worte, und wo sie so gar leicht und behende dahin fahren, da sei auf Deiner Hut, denn die Pferde, die den Wagen mit Gütern hinter sich haben, gehen langsameren Schrittes.

Erwarte nichts vom Treiben und den Treibern; und wo Geräusch auf der Gassen ist, da gehe fürbaß.

Wenn Dich jemand will Weisheit lehren, da siehe in sein Angesicht. Dünket er sich hoch, und sei er noch so gelehrt und noch so berühmt, laß ihn und gehe seiner Kundschaft müßig. Was einer nicht hat, das kann er auch nicht geben. Und der ist nicht frei, der da will tun können, was er will, sondern der ist frei, der da wollen kann, was er tun soll. Und der ist nicht weise, der sich dünket, daß er wisse; sondern der ist weise, der seiner Unwissenheit innegeworden und durch die Sache des Dünkels genesen ist.

Lehre nicht andre, bis Du selbst gelehrt bist. Nimm Dich der Wahrheit an, wenn Du kannst, und laß Dich gerne ihretwegen hassen;

Tue das Gute vor Dich hin, und bekümmre Dich nicht, was daraus werden wird.

Werner Bergengruen

Lebenserfahrungen

Jugend und Alter sind die von Natur furchtlosen Lebenszeiten; der junge Mensch muß furchtlos sein, denn er wünscht ja die Welt zu erfahren, und der alte weiß, daß ihm nicht mehr viel geschehen kann. Für die Furcht bleiben also die frühe Kindheit und die mittleren Jahre zur Verfügung. Lohnt es sich wirklich, aus Rücksicht auf vergleichsweise kurze Zeitspannen der Furcht einen Einlaß in den seelischen Haushalt zu eröffnen?

Von einem bestimmten Alter an soll man alle sich andrängenden Arbeiten abweisen mit Ausnahme derjenigen, von denen man, ließe man sie unbeendet zurück, fürchten müßte, sie würden einem keine Ruhe im Grabe lassen.

Die Schnecke mit ihrem stürmischen Tempo braucht immerhin ein Viertel ihrer Lebenszeit, um sich das transportable Haus zu erbauen, in welchem sie die letzten drei Viertel zubringt. Der Mensch ist langsamer, er hat, um sich sein Lebenshaus zu schaffen, ein Drittel, wo nicht gar die Hälfte seiner Lebensjahre nötig.

Die überraschendste Erfahrung des Alternden ist das vergebliche Warten auf den Zeitpunkt, da er sich selber als einen Gealterten und durch Alter Gewandelten erkennt. Das Bewußtsein der eigenen Lebenskontinuität ist stärker als das der zurückgelegten Jahre, und, einige Erfahrungen abgerechnet, ist man noch genau so kindisch wie in Tertia.

Geben und Empfangen

STEFAN ZWEIG

Ist die Geschichte gerecht?

»Wer da hat, dem wird gegeben, daß er die Fülle habe; wer aber nicht hat, dem wird genommen, auch was er hatte.« Dieses Wort, obzwar 2000 Jahre alt, gilt unvermindert auch in der Gegenwart. Wo Erfolg, da strömt Erfolg zu, wo Reichtum, da neues, frisches, quellendes Gold und überdies noch die Anbetung vor dem Golde, der freiwillige Enthusiasmus der Mitläufer und matten Seelen, denn Macht ist die geheimnisvolle Materie der Welt. Magnetisch zieht sie den einzelnen, suggestiv die Masse an, die selten fragt, wo diese Macht gewonnen und wem sie weg genommen ist, sondern nur ihr Dasein als eine Steigerung ihrer eigenen Existenz blind hingegen empfindet. Immer war es die gefährlichste Eigenschaft der Völker, sich selbst freiwillig unter das Joch zu stellen, sich begeistert in die Knechtschaft zu stürzen. Und am liebsten unter eine des Erfolges.

Jeder Gegenwart gilt dies grausame Wort, daß dem, der da hat, noch gegeben wird. Aber sonderbarer als dies: auch die Geschichte, auch sie, die leidenschaftslos sein sollte, klarsinnig und gerecht, auch sie hat die Neigung, nachträglich dem recht zu geben, der im wirklichen Leben äußerlich recht behalten hat; auch sie neigt sich, wie die meisten Menschen, zur Seite des Erfolges, auch sie vergrößert noch nachträglich die Großen, die Sieger, und verkleinert oder verschweigt die Besiegten. Auf die Berühmten häuft sie zu ihrem tatsächlichen Ruhm noch die Legende, und jeder Große erscheint in der Optik der Geschichte fast immer noch größer, als er wirklich gewesen – den unzähligen Kleinen wird genommen, was dem Großen zugetan wird. Auf die Monarchen wird der Fleiß und der Heroismus ihrer Untertanen gehäuft, immer nimmt die Geschichte aus der Notwendigkeit der Verkürzung auf wenige Namen und Gestalten Unzähligen ihre Tat und schiebt sie dem Stärkeren zu, denn: »Wer nicht hat, dem wird genommen, was er hatte.« Darum tut es not, Geschichte nicht gläubig zu lesen, sondern neugierig mißtrauisch, denn sie dient, die scheinbar unbestechliche, doch der tiefen Neigung der Menschheit zur Legende, zum Mythos – sie heroisiert bewußt oder unbewußt einige wenige Helden zur Vollkommenheit und läßt die Helden des Alltags, die heroischen Naturen des zweiten und dritten Ranges ins Dunkel fallen. Legende aber ist immer, gerade durch das Verführerische, durch den Abglanz von Vollkommenheit, der gefährlichste Feind der Wahrheit.

Voltaire

Eigenliebe

Ein Bettler in der Umgebung von Madrid bat würdevoll um Almosen. Ein Passant sagte zu ihm: »Schämen Sie sich nicht, diesem schmachvollen Gewerbe nachzugehen, wo Sie doch arbeiten können?« – »Mein Herr«, erwiderte der Bettler, »ich bitte Sie um Geld und nicht um Ratschläge.« Dann wandte er ihm den Rücken zu, seine kastilische Würde wahrend. Dieser Mann war ein stolzer Bettler, seine Eitelkeit wurde durch eine Kleinigkeit verletzt. Er bettelte aus Eigenliebe und duldete nicht, daß ein anderer ihm aus Eigenliebe Vorwürfe machte.

Ein Missionar begegnete auf seiner Reise durch Indien einem mit Ketten beladenen Fakir, der nackt wie ein Affe auf dem Bauch lag und sich für die Sünden seiner indischen Landsleute peitschen ließ, die ihm ein paar kleine Münzen schenkten. »Welche Selbstverleugnung!« sagte ein Zuschauer. »Selbstverleugnung?« entgegnete der Fakir. »Lassen Sie sich sagen, daß ich mich auf dieser Welt nur prügeln lasse, um es Ihnen in der andern heimzuzahlen, wenn Sie das Pferd sind und ich der Reiter.«

Diejenigen, die gesagt haben, die Eigenliebe sei die Grundlage all unseres Fühlens und Handelns, haben also in Indien, in Spanien und auf der ganzen bewohnbaren Erde durchaus recht gehabt. Wie man nicht schreibt, um den Menschen zu beweisen, daß sie ein Gesicht haben, so braucht man ihnen auch nicht zu beweisen, daß sie sich von Eigenliebe leiten lassen. Diese Eigenliebe dient unserer Selbsterhaltung. Insofern gleicht sie dem Fortpflanzungsorgan. Auch dieses ist unentbehrlich, ist uns lieb und wert, bereitet uns Freude – und wir müssen es verstecken.

CHRISTIAN MORGENSTERN

Sein Selbst gewinnen

Wer wollte den Gutartigen, den Begabten, den Wunderlichen nicht lieben. Aber den Böswilligen, den Ungeistigen, den Langweiligen zu lieben gilt es. Nicht so sehr ein jovialer Wirt sein allen, die ihre Zeche mehr oder minder bezahlen, als der barmherzige Samariter derer, die nichts haben als ihr schmerzliches Schicksal.

Der Selbstlose, der aus ganzer Seele den Menschen dienen will, übersieht zu leicht, daß sein Selbst in ein niedrigeres und in ein höheres Selbst zerfällt, und daß er daher nicht nur selbstlos im einen Sinne, sondern in eben dem Maße selbstvoll im andern Sinne werden sollte. Sein Selbst verlieren, heißt sich läutern, seine Seele bereiten, wie einen Acker, welcher der Saat wartet. Sein Selbst gewinnen aber heißt, Frucht tragen wollen, Saat herbeisehnen, aufnehmen, hegen, reifen.

Wir leben heute noch recht wie Kinder, noch nicht wie erwachsene bewußte Menschen. Wir essen und trinken ruhig, während Mitmenschen neben uns verhungern und verdursten, wir gehen fröhlich in Freiheit herum, während Mitmenschen neben uns in Kerkern verderben. Wir können uns in jeder Weise freuen, während um uns in jeder Weise gelitten wird, und wenn wir selbst leiden, so haben wir die Unbefangenheit, mit dem Schicksal darum zu hadern. O, daß unser Herz und Geist mit den Zeiten verwandelt würde und diese bittere Häßlichkeit von uns abfiele und wir aus Kindern Erwachsene würden.

Aus dem Matthäus-Evangelium

Es kam einer zu Jesus und fragte: Meister, was muß ich Gutes tun, um das ewige Leben zu gewinnen? Er antwortete: Was fragst du mich nach dem Guten? Nur einer ist »der Gute«. Wenn du aber das Leben erlangen willst, halte die Gebote!

Darauf fragte er ihn: Welche? Jesus antwortete: *Du sollst nicht töten, du sollst nicht die Ehe brechen, du sollst nicht stehlen, du sollst nicht falsch aussagen; ehre Vater und Mutter!* Und: *Du sollst deinen Nächsten lieben wie dich selbst!* Der junge Mann erwiderte ihm: Alle diese Gebote habe ich befolgt. Was fehlt mir jetzt noch?

Jesus antwortete ihm: Wenn du vollkommen sein willst, geh, verkauf deinen Besitz und gib das Geld den Armen; so wirst du einen bleibenden Schatz im Himmel haben; dann komm und folge mir nach.

Als der junge Mann das hörte, ging er traurig weg; denn er hatte ein großes Vermögen.

Jesus aber sprach zu seinen Jüngern: »Wahrlich, ich sage euch, ein Reicher wird schwer in das Himmelreich hineingelangen. Ja, ich sage euch noch einmal: Leichter kommt ein Kamel durch ein Nadelöhr hindurch als ein Reicher in das Reich Gottes hinein.« Als das die Jünger hörten, erschraken sie sehr und sagten: »Wer kann dann gerettet werden?« Jesus aber blickte sie an und sprach zu ihnen: »Unmöglich ist es bei Menschen, bei Gott aber ist alles möglich.«

Alles, was geschieht, geht dich an

GÜNTER EICH

Ich beneide sie alle, die vergessen können ...

Ich beneide sie alle, die vergessen können,
die sich beruhigt schlafen legen und keine Traume haben.
Ich beneide mich selbst um die Augenblicke blinder Zufriedenheit:
erreichtes Urlaubsziel, Nordseebad, Notre Dame,
roter Burgunder im Glas und der Tag des Gehaltsempfangs.
Im Grunde aber meine ich, daß auch das gute Gewissen nicht ausreicht,
und ich zweifle an der Güte des Schlafes, in dem wir uns alle wiegen.
Es gibt kein reines Glück mehr (– gab es das jemals? –),
und ich möchte den einen oder andern Schläfer aufwecken können
und ihm sagen, es ist gut so.

Fuhrest du auch einmal aus den Armen der Liebe auf,
weil ein Schrei dein Ohr traf, jener Schrei,
den unaufhörlich die Erde ausschreit und den du
für Geräusch des Regens sonst halten magst oder das Rauschen des Winds.
Sieh, was es gibt: Gefängnis und Folterung,
Blindheit und Lähmung, Tod in vieler Gestalt,
den körperlosen Schmerz und die Angst, die das Leben meint.

Die Seufzer aus vielen Mündern sammelt die Erde,
und in den Augen der Menschen, die du liebst, wohnt die Bestürzung.
Alles, was geschieht, geht dich an.

Hannah Arendt

Wahrheit und Politik

Der Gegenstand dieser Überlegungen ist ein Gemeinplatz. Niemand hat je bezweifelt, daß es um die Wahrheit in der Politik schlecht bestellt ist, niemand hat je die Wahrhaftigkeit zu den politischen Tugenden gerechnet. Lügen scheint zum Handwerk nicht nur des Demagogen, sondern auch des Politikers und sogar des Staatsmannes zu gehören. Ein bemerkenswerter und beunruhigender Tatbestand. Was bedeutet es für das Wesen und die Würde des politischen Bereichs einerseits, was für das Wesen und die Würde von Wahrheit und Wahrhaftigkeit andererseits? Sollte etwa Ohnmacht zum Wesen der Wahrheit gehören und Betrug im Wesen der Sache liegen, die wir Macht nennen? Welche Art Wirklichkeit können wir der Wahrheit noch zusprechen, wenn sie sich gerade in der uns gemeinsamen öffentlichen Welt als ohnmächtig erweist, also in einem Bereich, der mehr als jeder andere den gebürtlichen und sterblichen Menschen Wirklichkeit garantiert, weil er ihnen verbürgt, daß es eine Welt gab, bevor sie kamen, und geben wird, wenn sie wieder aus ihr verschwunden sind? Ist schließlich nicht Wahrheit ohne Macht ebenso verächtlich wie Macht, die nur durch Lügen sich behaupten kann? Dies sind unbequeme Fragen, aber sie ergeben sich notwendig aus unseren landläufigen Meinungen in dieser Sache.

Daß Wahrheit und Politik miteinander auf Kriegsfuß stehen, läßt sich immer noch am besten an dem alten lateinischen Wort erläutern, das sagt: *Fiat iustitia, et pereat mundus*, »Es herrsche Gerechtigkeit, möge auch die Welt darüber zu Grunde gehen«. Wiewohl der vermutliche Autor dieses Spruches – Ferdinand I., der Nachfolger Karls V. – genau meinte, was er sagte, kennen wir ihn eigentlich nur in der Form der rhetorischen Frage: Wer kann sich noch um Gerechtigkeit kümmern, wenn die Existenz der Welt auf dem Spiel steht? Der einzige große Denker, der wagte, die geläufige Redensart gleichsam gegen den Strich zu bürsten und wieder so zu verstehen, wie sie ursprünglich gemeint war, ist Kant, der kurzerhand erklärte: »Der zwar etwas renommistisch klingende... aber wahre Satz... heißt zu deutsch: ›es herrsche Gerechtigkeit, die Schelme in der Welt mögen auch insgesamt darüber zu Grunde gehen‹.« Gewiß, Kant, tröstete sich: »Die Welt wird keineswegs dadurch untergehen... Das moralische Böse hat die von seiner Natur unabtrennliche Eigenschaft, daß es... sich selbst zuwider und zerstörend ist«; aber er meinte auch, daß es sich nicht lohnen würde, in einer aller Gerechtigkeit baren Welt zu leben, daß daher »das Recht dem Menschen muß heilig gehalten werden, der herrschenden Gewalt mag es auch noch so große Aufopferung kosten« und daß vor ihm »alle Politik... ihre Knie... beugen (muß)«.

THEODOR FONTANE

Die Dunkeltiefen des Herzens

Die Welt ist eine Welt der Gegensätze, draußen und drinnen, und wohin das Auge fällt, überall Licht und Schatten. Die dankbarsten Menschen überschlagen sich plötzlich in Undank, und die Frommen, mit dem seligen Hiob an der Spitze, murren wider Gott und seine Gebote. *Was hat nicht alles Platz in einem Menschenherzen?*

»*Nur der Irrtum ist das Leben* und die Wahrheit ist der Tod« – das Tiefste, was je über Mensch und Menschendinge gesagt worden ist. Aber wie das Tiefste, so doch zugleich das Traurigste. Bewußt wird, von Kaiser und König an bis zum Bettler hinunter, gelogen, vor allem eine beständige Gefühls- und Scheinheiligkeitskomödie aufgeführt. Was wir Glauben nennen, ist Lug und Trug oder Täuschung oder Stupidität; was wir Loyalität nennen, ist Vorteilberechnung; was wir Liebe nennen, ist alles mögliche, nur meist nicht Liebe; was wir Bekenntnistreue nennen, ist Rechthaberei.

Wir sind alle Egoisten und kümmern uns wenig um andere. Was wir Gefühl nennen, ist eine Lebensform, eine bloße Manier, der eine hat die, der andre hat eine andere. Aber *in allem entscheidet das Maß.* Jeder hat den Lügensinn, den Diebessinn, den Ehebruchssinn, den Mordsinn, aber es gibt im ganzen genommen wenig Mörder. Ehebrecher sollen schon häufiger sein. Also aufs Maß kommt es an, nicht bloß bei dem, der etwas tut, auch bei dem, der das Getane beobachtet und beurteilt.

ROBERT MUSIL

Notizen

Viel von sich selbst zu reden gilt als dumm. Dieses Verbot wird von der Menschheit auf eigentümliche Weise umgangen: durch den Dichter!

Die Menschheit gestattet sich überhaupt gerne in Ausnahmen, was sie sonst verbietet. So gilt es zum Beispiel als ein Zeichen schlechten Geschmacks, wenn nicht als eines der Dummheit, daß sich ein Mensch selbst lobt; wo Menschen aber als Masse, Partei, Glaubensgemeinschaft, Nation und ähnliches verbunden auftreten, loben sie sich schamlos. Sie loben sich, sobald sie »wir« statt »ich« sagen dürfen. Nur wir haben den rechten Willen, sind von Gott erleuchtet oder von der Geschichte berufen, ist noch das wenigste, was sie vorbringen; und sie halten das nicht nur für erlaubt, sondern noch für ein gutes Zeichen!
Bezeichnenderweise gilt in Zeiten, wo das überhandnimmt, der Dichter als überflüssig oder als Schwächling.

Eine recht beachtenswerte Skala ist diese: Er ist ein gescheiter Mensch, gilt als unbedingtes Lob. Er ist ein guter Mensch, gilt auch als Lob, aber manchmal doch mit einer leichten Einschränkung in der Richtung: gut gleich dumm. Er ist ein intelligenter Mensch – was doch soviel heißt wie: ein einsichtsvoller – hat dagegen schon lange vor Erfindung der »Intelligenzbestie« in manchen Kreisen als verdächtig gegolten; siehe zum Beispiel den »Intelligenzler« und »Westler« bei Dostojewski. Wir bewerten also: Lieber schlecht als dumm, aber: Lieber gut als intelligent. Wozu bemerkt werden muß, daß dieses zutiefst gestellte Intelligentsein gerade die Klugheit umfaßt, die lieber schlecht sein will als dumm. Der Fall ist also verwickelt.

Mahatma Gandhi

Ahimsa

Ich glaube, daß der Mensch, da ihm nicht gegeben ist, etwas zu erschaffen, nicht das Recht hat, auch nur die kleinste Kreatur, die da lebt, zu zerstören. Das Vorrecht der Vernichtung gehört einzig und allein dem Schöpfer alles Lebendigen. Ich nehme gern die Auslegung von Ahimsa an, derzufolge Ahimsa nicht bloß einen negativen Zustand bedeutet, nämlich Unfähigkeit, Böses zu tun, sondern einen positiven Zustand, das heißt Liebe zu erweisen und Gutes zu tun, sogar dem Missetäter. Doch bedeutet es nicht, dem Übeltäter in seinem ungerechten Werke beizustehen oder es in schweigender Duldung hinzunehmen. Im Gegenteil, die Liebe als aktive Qualität von Ahimsa verlangt, dem Übeltäter zu widerstehen, indem man sich von ihm lossagt, mag es ihn auch beleidigen oder seelisch oder körperlich treffen...

Jesus war nach meiner bescheidenen Meinung ein Fürst unter den Politikern. Er gab dem Kaiser, was des Kaisers war. Er gab auch dem Teufel sein Teil. Er wich ihm immer aus und, wie uns berichtet wird, gab er seinen Einflüsterungen nie nach. Seine Zeit stellte ihm die Aufgabe, die Wohlfahrt des Volkes dadurch zu sichern, daß er es lehrte, sich nicht durch die Gaben der Priester und Pharisäer betören zu lassen. Sie waren es, die damals das Leben des Volkes überwachten und formten. Heutzutage ist das Regierungssystem so ausgeklügelt, daß es in jedes Lebensgebiet eingreift. Es bedroht uns in unserem Dasein. Wenn wir also die Wohlfahrt des Ganzen wahren wollen, müssen wir uns in allem Ernst an den Handlungen der Regierenden beteiligen und einen moralischen Einfluß auf sie ausüben, indem wir darauf bestehen, daß auch sie sich den Gesetzen der Sittlichkeit unterwerfen.

ELIAS CANETTI

Ruhm

Dem gesunden Ruhm ist es gleichgültig, in wessen Mund er gerät, er macht keinen Unterschied; wesentlich ist nur, daß *der Name ausgesprochen* wird. Die Gleichgültigkeit gegen die Aussprechenden, besonders aber ihre Gleichheit untereinander für den Ruhmsüchtigen, verrät die Herkunft seiner Sucht aus Massenvorgängen. *Sein Name sammelt sich eine Masse.* Ganz nebenher, und nur wenig im Zusammenhang mit dem, was ein Mensch wirklich ist, führt der Name sein eigenes, gieriges Leben.
Die Masse der Ruhmsüchtigen besteht aus Schatten; Geschöpfen nämlich, die noch gar nicht am Leben sein müssen, wenn sie nur einmal das einzige können werden: einen ganz bestimmten Namen sagen. Es ist erwünscht, daß sie ihn oft sagen, und es ist auch erwünscht, daß sie ihn vor vielen sagen, in einer Gemeinde also, damit viele ihn lernen und sich in seiner Aussprache bestärken. Aber was diese Schatten sonst treiben, ihre Größe, ihr Aussehen, ihre Nahrung, ihr Werk ist dem Berühmten gleichgültiger als Luft. Solange sich einer um die Inhaber von namensagenden Mündern bekümmert, um sie wirbt, sie besticht, antreibt oder peitscht, ist er noch gar nicht berühmt. Er ist dann erst dabei, die Kader für seine spätere Armee von Schatten zu trainieren. Den Ruhm hat er erst gewonnen, wenn er es sich erlauben kann, sie alle fallenzulassen, ohne etwas dabei zu verlieren.

Die Unterschiede zwischen dem *Reichen*, dem *Machthaber* und dem *Berühmten* sind etwa so zu fassen:
Der *Reiche* sammelt Haufen und Herden. Für diese steht das Geld. Um Menschen ist es ihm nicht zu tun; es genügt ihm, daß er sich solche kaufen kann.
Der *Machthaber* sammelt *Menschen*. Haufen und Herden bedeuten ihm nichts, es sei denn, er braucht sie für die Erwerbung von Menschen. Er will aber Menschen, die *leben*, um sie in seinen Tod vorauszuschicken oder mitzunehmen. Auf frühere Tote und die Nachgeborenen kommt es ihm nur mittelbar an.
Der *Berühmte* sammelt *Chöre*. Er will nur seinen Namen von ihnen hören. Sie können tot oder am Leben oder noch nicht am Leben sein, das ist gleichgültig, wenn sie nur groß sind und irgendeinmal auf seinen Namen eingeübt.

Martin Luther King

Die Überwindung der Angst

Es kommt nicht so sehr darauf an, daß wir uns von der Angst befreien. Vielmehr ist wichtig, daß wir sie überwinden und beherrschen. Wie aber kann die Angst beherrscht werden?

Erstens: Wir müssen unserer Angst begegnen und uns ehrlich fragen, warum wir uns fürchten. Das wird in irgendeiner Weise unsere Kräfte stärken. Durch Flucht oder Unterdrückung können wir unsere Angst nicht heilen, im Gegenteil, wir würden unsere inneren Konflikte nur noch vermehren.

Zweitens: Wir können unsere Angst durch eine der höchsten menschlichen Tugenden bezwingen: durch den Mut. Plato betrachtete den Mut als jenes Element der Seele, das den Widerspruch zwischen Verstand und Trieb überbrückt. Aristoteles hielt den Mut für den Ausdruck der eigentlichen menschlichen Natur. Thomas von Aquin sagte, der Mut sei die Stärke des Geistes, die alles zu überwinden vermag, was uns daran hindern will, die höchsten Güter zu erringen.

Der Mut also ist die Kraft des Geistes, die Furcht zu überwinden. Im Unterschied zur Sorge hat die Angst stets einen bestimmten faßbaren Gegenstand zum Inhalt, den man betrachten, begreifen, zergliedern und notfalls ertragen kann. Wie oft ist der Gegenstand der Angst die Angst selbst!

Vor fast zweitausend Jahren schrieb Epiktet: »Nicht Tod und Not sind zu fürchten, sondern nur die Furcht vor Tod und Not.« Der Mut greift die Angst an und überwindet sie. Paul Tillich sagt:

Der Mut, die Entschlossenheit, uns von keiner Sache überwinden zu lassen, so furchterregend sie auch sein mag, ermöglicht uns, jeder Angst zu widerstehen. Manche Ängste sind nicht bloß eingebildet. Den Streit gibt es zum Beispiel wirklich im Leben, Gefahren lauern in jeder Tat, Unfälle ereignen sich, Krankheiten sind immer möglich, und der Tod ist eine grimmige und unausweichliche Erfahrung des Menschenlebens. Leid und Schmerz begegnen jedem von uns. Wir leisteten uns selbst und unserem Nächsten einen schlechten Dienst, wenn wir behaupten wollten, wir hätten nichts im Leben zu fürchten. Den Kräften, die das Leben zu vernichten drohen, muß der Mut entgegengesetzt werden, der die Kraft des Lebens ist, sich trotz aller Härten zu behaupten. Das erfordert die Übung eines schöpferischen Willens, der uns befähigt, aus einem Gebirge der Hoffnungslosigkeit einen Stein der Hoffnung zu schlagen.

George Bernard Shaw

Der Einzelne und der Staat

Demokratie ist eine sehr reale Sache, und es ist viel weniger Humbug daran als an mancher älteren Institution. Aber das bedeutet nicht, daß das Volk regiert, es heißt, daß die Verantwortung und das Vetorecht jetzt nicht mehr einfach Königen und Demagogen als solchen zufallen, sondern dem gehören, der clever genug ist, sich ihrer zu bemächtigen.

Eine starke Regierung ist nicht die, die überwältigende Streitkräfte besoldet; das tut eher eine verängstigte Regierung. Stark ist die Regierung, die moralischen Rückhalt in der überwiegenden Mehrheit des Volkes findet. Genauer ausgedrückt: es ist eine Regierung, unter der die Polizei und andere staatliche Vollzugsbeamten stets auf die Sympathien und nötigenfalls auf die Mitwirkung der Bürger rechnen können. Eine moralisch abstoßende Regierung hat keinen Bestand und ist nicht fähig, Veränderungen durchzuführen.

Politische Begabungen sind eine Seltenheit, aber nicht seltener bei Frauen als bei Männern. Die ungefähr fünf Prozent geborener politischer Denker und Organisatoren, die uns die Natur liefert, werden in der modernen Zivilisation alle dringend benötigt, und wenn die Hälfte dieses natürlichen Vorrates unterdrückt wird, indem die Frauen vom Parlament und den Kabinetten ausgeschlossen bleiben, wird die soziale Maschinerie versagen und vielleicht zusammenbrechen aus Mangel an genügend guter Führung. Tüchtigen Frauen, deren Zahl nicht gering ist, wird der ihnen zustehende Platz durch untüchtige Männer weggenommen; es gibt in Europa kein Kabinett, dem es nicht außerordentlich guttäte, wenn man seinen männlichen Schwanz abschnitte und weibliche Köpfe dafür hinsetzte.

DSCHUANG-DSI

Ruhe für die Welt

Ich weiß davon, daß man die Welt leben und gewähren lassen soll. Ich weiß nichts davon, daß man die Welt ordnen soll. Sie leben lassen, das heißt, besorgt sein, daß die Welt nicht ihre Natur verdreht; sie gewähren lassen, das heißt, besorgt sein, daß die Welt nicht abweicht von ihrem wahren LEBEN. Wenn die Welt ihre Natur nicht verdreht und nicht abweicht von ihrem wahren LEBEN, so ist damit die Ordnung der Welt schon erreicht. Der heilige Herrscher Yau suchte die Welt zu ordnen, indem er sie fröhlich machte; aber wenn die Menschen mit Lust ihrer Natur bewußt werden, geht die Ruhe verloren. Der Tyrann Gië suchte die Welt zu ordnen, indem er sie traurig machte; aber wenn die Menschen unter ihrer Natur zu leiden haben, so geht die Zufriedenheit verloren. Verlust der Ruhe und Zufriedenheit ist nicht das wahre LEBEN.

Dadurch wiederum wird der Menschen Leiblichkeit gestört, so daß der Menschen Lust und Groll ihre Grenzen überschreiten; sie werden unbeständig in ihrem Wesen und unbefriedigt in ihren Gedanken; sie lassen auf halbem Wege die Arbeit unvollendet liegen: auf diese Weise entstehen in der Welt Hoffart, Mißgunst, ehrgeiziges Tun und Eifersucht. Und so kommt es zu den Taten der Bösewichter und Tugendhelden. Darum ist es unzulänglich, die Welt heben zu wollen durch Belohnung der Guten, und es ist unmöglich, die Welt zu heben durch Bestrafung der Bösen.

Die Welt ist so groß, daß man ihr mit Lohn und Strafe nicht beikommen kann. Vom Anbeginn der Weltgeschichte gab es nur Aufregung. Immer gab man sich nur damit ab, zu belohnen und zu strafen. Da hatte man dann freilich keine Zeit mehr, sich ruhig abzufinden mit den Verhältnissen der Naturordnung.

Darum, wenn ein großer Mann gezwungen ist, sich mit der Regierung der Welt abzugeben, so ist am besten das Nicht-Handeln. Durch Nicht-Handeln kommt man zum ruhigen Abfinden mit den Verhältnissen der Naturordnung. Darum, wem sein (wahres) Ich wichtiger ist als die Herrschaft über die Welt, dem kann man die Welt übergeben.

Laotse

Chinesische Weisheiten

Betrachte dein eigenes Ich und beurteile danach das Ich der anderen. Sieh nach deinem eigenen Hause und beurteile danach das Haus der anderen. Blicke auf dein eigenes Land und beurteile danach das Land der anderen. Erkenne deine eigene Welt und beurteile danach die Welt der anderen!

Wer die Menschheit kennt, ist klug,
wer sich selbst kennt, ist weise.
Wer die Menschen besiegt, hat Kraft,
wer sich selbst besiegt, hat Größe.

Ich habe drei Schätze,
die ich hüte und hege.
Der eine ist die Liebe,
der zweite ist die Genügsamkeit,
der dritte ist die Demut.
Nur der Liebende ist mutig,
nur der Genügsame ist großzügig,
nur der Demütige ist fähig zu herrschen.

Liebe kann nicht kämpfen, ohne zu siegen, und kann nicht verteidigen, ohne zu schützen. Wem der Himmel helfen will, dem hilft er durch die Liebe.

Freiheit und Notwendigkeit

REINHOLD SCHNEIDER

Der echte Inhalt einer Zeit . . .

Der echte Inhalt einer Zeit, eines Staates sind seine gelebten Freiheiten. Wahrscheinlich ist es heute schwerer als vor hundert Jahren, daß der Unbekannte – den wir voreilig den kleinen Mann nennen – sich seiner Freiheit bewußt wird und den Mut findet, sie zu vollziehen. Zeitungen, Presse, Sender, der Propagandaapparat der Regierungen haben viel mehr Interesse daran, ihm diese Freiheit zu nehmen als ihn zur Freiheit aufzurufen. Das ändert aber nichts daran, daß sie in einem jeden vorhanden ist und daß er sich ihrer bewußt werden muß. Wir müssen einen jeden Tag in ihrem Namen neu beginnen. Ohne den Mut, mit unserer Freiheit allein zu sein, sind wir nicht Menschen, sind wir, was wir auch arbeiten mögen, für Volk, Staat, Welt von ganz geringem Wert. Denn das allein macht ja ihre geschichtliche Bedeutung aus, daß sie Freiheiten zusammenfassen. Wir sind nicht frei für uns selbst, sondern wir sind es für alle, im Zusammenhange der Völker, im Zusammenhange des Kosmos. »Alle Dinge sind miteinander verflochten, und ihr Band ist heilig.« Dieses Wort des Kaisers Marc Aurel kann nicht aufgehoben werden; es wird nur ernster, je mehr Macht dem Menschen in die Hand gegeben ist, sei es an aufbauender Technik oder an zerstörenden Waffen. Ob für den einzelnen, ob für einen jeden von uns das Ganze der Schöpfung wirklich heilig ist, ob wir Ehrfurcht nicht allein vor dem Menschen, dem Leben, sondern auch der Natur haben, ist von immer wachsender Bedeutung. Was ist Freiheit, wenn nicht eine Tat unseres Gewissens? Was ist Gewissen, wenn nicht das Wissen von der Verantwortung für das Ganze der Schöpfung – vor dem, der sie geschaffen hat?

ARTHUR SCHOPENHAUER

Alles, was geschieht, geschieht notwendig

Tausend heitere, angenehme Stunden lassen wir mit verdrießlichem Gesicht ungenossen an uns vorüberziehn, um nachher, zur trüben Zeit, mit vergeblicher Sehnsucht ihnen nachzuseufzen.

Wie der Bach keine Strudel macht, solange er auf keine Hindernisse trifft, so bringt die menschliche wie die tierische Natur es mit sich, daß wir alles, was unserm Willen gemäß geht, nicht recht merken und innewerden. Sollen wir es merken, so muß es nicht sogleich unserm Willen gemäß gegangen sein, sondern irgendeinen Anstoß gefunden haben. – Hingegen alles, was unserm Willen sich entgegenstellt, ihn durchkreuzt, ihm widerstrebt, also alles Unangenehme und Schmerzliche, empfinden wir unmittelbar, sogleich und sehr deutlich. Wie wir die Gesundheit unsers ganzes Leibes *nicht fühlen*, sondern nur die kleine Stelle, wo uns der Schuh drückt, so denken wir auch nicht an unsere gesamten, vollkommen wohl gehenden Angelegenheiten, sondern an irgendeine unbedeutende Kleinigkeit, die uns verdrießt. – Hierauf beruht die von mir öfter hervorgehobene Negativität des Wohlseins und Glücks, im Gegensatz der Positivität des Schmerzes.

Nichts wird uns zum gelassenen Ertragen der uns treffenden Unglücksfälle besser befähigen als die Überzeugung von der Wahrheit… »Alles, was geschieht, vom Größten bis zum Kleinsten, geschieht notwendig.« Denn in das unvermeidlich Notwendige weiß der Mensch sich bald zu finden, und jene Erkenntnis läßt ihn alles, selbst das durch die fremdartigsten Zufälle Herbeigeführte, als ebenso notwendig ansehn, wie das nach den bekanntesten Regeln und unter vollkommener Voraussicht Erfolgende.

George Bernard Shaw

Demokratie, Möglichkeiten und Grenzen

Demokratie ist eine sehr reale Sache, und es ist viel weniger Humbug daran als an mancher älteren Institution. Aber das bedeutet nicht, daß das Volk regiert, es heißt, daß die Verantwortung und das Vetorecht jetzt nicht mehr einfach Königen und Demagogen als solchen zufallen, sondern dem gehören, der clever genug ist, sich ihrer zu bemächtigen.

Das Volk – das ungebildete wie das falsch gebildete – ist politisch so unwissend und unfähig, daß ein Staatsmann, der ihm die Wahrheit sagte, nicht verstanden werden würde und es tatsächlich viel mehr irreführen würde, als wenn er es gemäß seiner Blindheit, statt gemäß seiner eigenen Weisheit behandelte. – Aber es ist doch ein weltweiter Unterschied zwischen dem Staatsmann, der das Volk so zu täuschen versteht, daß es ihm erlaubt, den Willen Gottes zu tun, in welcher Verkleidung dieser Wille auch immer zu ihm kommt, und jenem anderen Staatsmann, der das Volk nur verführen will, um seinen persönlichen Ehrgeiz und die kommerziellen Interessen der Plutokraten zu fördern, die die Besitzer der Zeitungen sind und ihn nach dem Prinzip der Gegenseitigkeit, unterstützen.

Unser Dilemma ist, daß Menschen im ganzen sich nicht selbst regieren können; und doch ist, wie William Morris es ausdrückt, kein Mensch gut genug, um der Herr eines anderen Menschen zu sein. Wir müssen regiert werden, und doch müssen wir unsere Regenten unter Kontrolle halten. Aber die besten Regenten werden keine Kontrolle dulden außer der ihres eigenen Gewissens; und da wir, die regiert werden, auch die Macht der Kontrolle, die wir besitzen, mißbrauchen können, so sind unsere Unwissenheit, unsere Leidenschaften,unsere privaten und unmittelbaren Interessen in ständigem Konflikt mit dem Wissen, dem Gemeinsinn und der Berücksichtigung der Zukunft unserer geeignetsten Regenten.

Martin Luther King

Es gibt die Freiheit

Fatalisten, die Freiheit für einen leeren Wahn halten, ergeben sich einem lähmenden Determinismus, der Lehre also, nach der alles vorausbestimmt ist, die uns für hilflose Steine auf dem großen Schachbrett des Lebens hält und die uns deshalb rät, uns nicht um unsere Zukunft zu kümmern. Wenn wir im Treibsand des Fatalismus versinken, ersticken wir geistig und seelisch. Da Freiheit zum Wesen des Menschen gehört, wird der Fatalist, der die Freiheit leugnet, zur bloßen Puppe. Natürlich hat er recht mit seiner Überzeugung, daß es keine absolute Freiheit gibt und daß Freiheit immer im Rahmen vorbestimmter Formen wirksam ist. Die Freiheit ist immer irgendwie in die Schranken des Vorbestimmten gefaßt. *Trotzdem gibt es die Freiheit.* Wir sind frei und gebunden zugleich. Freiheit gibt uns die Möglichkeit, im Rahmen unserer vorbestimmten Natur zu denken, zu handeln und Entscheidungen zu treffen ... Der Fatalismus aber lähmt den Menschen und macht ihn hilflos und lebensuntüchtig.

Außerdem gründet sich der Fatalismus auf eine erschrekkende Gottesvorstellung. Alles, ob es nun gut oder böse ist, wird als Ausdruck des göttlichen Willens hingenommen. Eine gesunde Religion steht über der Vorstellung, Gott könne das Böse wollen. Er läßt das Böse zwar zu, um die Freiheit des Menschen zu wahren, aber er verursacht es nicht. Die Vorstellung, Gott könne beabsichtigen, daß ein

Kind blind geboren wird, daß ein Mensch die Qualen der Krankheit leidet, ist reine Lästerung. Sie läßt Gott eher als Teufel und nicht als liebenden Vater erscheinen. Fatalistische Ergebung ist eine tragische und gefährliche Art, auf unerfüllte Träume zu reagieren. Sie ist nicht besser als die Bitterkeit oder der Rückzug in das eigene Ich.

Wie aber lautet dann die richtige Antwort? Sie liegt darin, daß wir unglückliche und unerwünschte Umstände willig hinnehmen und doch bei unserer Hoffnung bleiben. Sie liegt darin, daß wir selbst bei einem endgültigen Fehlschlag ewig Hoffende sind. Das ist nicht die verbitterte Ergebung des Fatalisten, sondern die Läuterung, die sich in den Worten des Jeremias ausdrückt: »Das ist nun einmal mein Leiden, so will ich es denn tragen.«

KARL BARTH

Das tätige Leben

Arbeit zielt auf die Freiheit des Menschen. Der Begriff der rechten Arbeit ergibt sich daraus, daß das Gebot der Arbeit auf des Menschen Freiheit zum Dasein zielt. Es nimmt, wie es das Gebot Gottes nach allen Seiten tut, den ganzen Menschen in Anspruch, aber eben nicht so, wie das Schicksal oder wie ein menschlicher Tyrann den Menschen in Anspruch nehmen könnte, sondern so, wie der freie, der liebende Gott das tut, und also gerade nicht etwa totalitär für die von ihm zu verrichtende Arbeit, nicht für eine tätige Daseinsbejahung ohne Schranke und Ende, nicht für eine Art von ewigem Leistungswettbewerb im Stil des amerikanischen Taylor- oder des russischen Stachanowsystems, sondern für sich selber und damit dafür, daß auch er, der Mensch, ein freies Wesen werde.

Die Freiheit, in der er arbeitet, in Verbindung mit der Sorge um seinen Lebensunterhalt und in Verbindung mit der Zuwendung zu den Zwecken, Dingen und Aufgaben, in der das geschehen muß, in Verbindung mit der Sachlichkeit, die das erfordert und mit den Notwendigkeiten des allgemeinen Arbeitsprozesses, könnte eine *Bedrohung* seiner Freiheit für Gott, und auch seiner eigenen Freiheit, auf die das Gebot doch zielt, bedeuten. Wo der Mensch sich selbst in die Hand nimmt, da steht er immer in Gefahr, sich selbst gefangenzunehmen und gefangennehmen zu lassen. Sogar in jener inneren Arbeit der Besinnung kann er unter seinen eigenen und indirekt dann auch unter allerhand fremden Zwang geraten. Der Mensch ist eben kein zuverlässiger Garant und Hüter seiner Freiheit: weder seiner Freiheit für Gott noch seiner eigenen Lebensfreiheit. Gerade seine Arbeit muß also davor geschützt sein, ihm zu dieser Bedrohung zu werden. Sie darf ihn und er selbst darf sich in ihr nicht überwältigen und zum Sklaven machen. Sie darf also gerade kein absolutes Werk werden, sie darf ihn nicht einfach erfüllen und ganz beherrschen. Die Freiheit, auf die sie im Sinn des göttlichen Gebotes zielt, muß in seinem Leben einen bestimmten, konkreten, festen Ort haben und behaupten. Er darf und soll auch *ruhen* von aller seiner Arbeit, sonst tut er sie nicht recht.

ARTHUR SCHOPENHAUER

Von der Willensfreiheit

Wollen wir uns einen Menschen denken, der etwa auf der Gasse stehend zu sich sagte: »Es ist sechs Uhr abends, die Tagesarbeit ist beendigt. Ich kann jetzt einen Spaziergang machen oder ich kann in den Klub gehn; ich kann auch auf den Turm steigen, die Sonne untergehen zu sehen; ich kann auch ins Theater gehn; ich kann auch diesen oder aber jenen Freund besuchen; ja ich kann auch zum Tor hinaus laufen in die weite Welt und nie wiederkommen. Das alles steht allein bei mir, ich habe völlige Freiheit dazu, tue jedoch davon jetzt nichts, sondern gehe ebenso freiwillig nach Hause, zu meiner Frau.«

Das ist geradeso als wenn das Wasser spräche: »Ich kann hohe Wellen schlagen (ja! nämlich im Meer und Sturm), ich kann reißend hinabeilen (ja! nämlich im Bette des Stroms), ich kann schäumend und sprudelnd hinunterstürzen (ja! nämlich im Wasserfall), ich kann frei als Strahl in die Luft steigen (ja! nämlich im Springbrunnen), ich kann endlich gar verkochen und verschwinden (ja! bei 180 Grad Wärme); tue jedoch von dem allen jetzt nichts, sondern bleibe freiwillig ruhig und klar im spiegelnden Teiche.«

Wie das Wasser jenes alles nur dann kann, wenn die bestimmenden Ursachen zum einen oder zum anderen eintreten, ebenso kann jeder Mensch, was er zu können wähnt, nicht anders als unter derselben Bedingung. Bis die Ursachen eintreten, ist es ihm unmöglich: dann aber *muß* er es so gut wie das Wasser, sobald es in die entsprechenden Umstände versetzt ist.

Franz Kafka

Der plötzliche Spaziergang

Wenn man sich am Abend endgültig entschlossen zu haben scheint, zu Hause zu bleiben, den Hausrock angezogen hat, nach dem Nachtmahl beim beleuchteten Tische sitzt und jene Arbeit oder jenes Spiel vorgenommen hat, nach dessen Beendigung man gewohnheitsgemäß schlafen geht, wenn draußen ein unfreundliches Wetter ist, welches das Zuhausebleiben selbstverständlich macht, wenn man jetzt auch schon so lange bei Tisch stillgehalten hat, daß das Weggehen allgemeines Erstaunen hervorrufen müßte, wenn nun auch schon das Treppenhaus dunkel und das Haustor gesperrt ist, und wenn man nun trotz alledem in einem plötzlichen Unbehagen aufsteht, den Rock wechselt, sofort straßenmäßig angezogen erscheint, weggehen zu müssen erklärt, es nach kurzem Abschied auch tut, je nach der Schnelligkeit, mit der man die Wohnungstür zuschlägt, mehr oder weniger Ärger zu hinterlassen glaubt, wenn man sich auf der Gasse wiederfindet, mit Gliedern, die diese schon unerwartete Freiheit, die man ihnen verschafft hat, mit besonderer Beweglichkeit beantworten, wenn man durch diesen einen Entschluß alle Entschlußfähigkeit in sich gesammelt fühlt, wenn man mit größerer als der gewöhnlichen Bedeutung erkennt, daß man ja mehr Kraft als Bedürfnis hat, die schnellste Veränderung leicht zu bewirken und zu ertragen, und wenn man so die langen Gassen hinläuft – dann ist man für diesen Abend gänzlich aus seiner Familie ausgetreten, die ins Wesenlose abschwenkt, während man selbst, ganz fest, schwarz vor Umrissenheit, hinten die Schenkel schlagend, sich zu seiner wahren Gestalt erhebt. Verstärkt wird alles noch, wenn man zu dieser späten Abendzeit einen Freund aufsucht, um nachzusehen, wie es ihm geht.

Über den Frieden

Arthur Schnitzler

Die Frage des Weltfriedens

Niemals ist wirklich für eine Idee Krieg geführt worden; weder für eine nationale noch für eine religiöse. (Das läßt sich nicht nur in diesem Krieg nachweisen.) Aber die Ideen werden immer vorgeschützt, als Banner vorangetragen, sozusagen als Fahnen der Seele. Man kann natürlich jede Phrase zu einer Idee ernennen. Dies gehört zu den Hauptaufgaben des Politikers, der das Gleichgewicht auch dadurch wiederherstellt, daß er aus jeder Idee eine Phrase macht.

So lange der Krieg als eine Möglichkeit überhaupt in Betracht kommt, d. h. also, so lange es Berufszweige gibt, die auf die Möglichkeit eines Krieges gestellt sind, ferner so lange es auch nur einen Menschen gibt, der durch den Krieg seinen Reichtum vergrößern oder solchen erwerben kann und der zu gleicher Zeit die Macht hat oder den Einfluß, einen Krieg herbeizuführen, genau so lange wird es Kriege geben. Und hier ist die Frage des Weltfriedens anzupacken, nirgends anders. Weder in religiösen, noch in philosophischen, noch in ethischen Motiven. Diese spielen absolut keine Rolle. Weder die Vernunft, noch das Mitleid, noch die Ehre dürfen wir mit der geringsten Aussicht auf Erfolg anrufen. Es handelt sich ausschließlich darum, die Ordnung der Welt so umzugestalten, daß kein Mensch, auch nicht ein einziger, weder in Freundes- noch in Feindesland, die geringste Aussicht hat, seine persönlichen

Verhältnisse durch einen Krieg zu verbessern. Unmöglich? So lange das unmöglich ist, hat die Friedensbewegung nicht die entfernteste Aussicht auf Erfolg. Mit Tiefsinn und mit Sentimentalitäten werdet Ihr weder die Herzen der Diplomaten, noch die der Attachés, noch die der Generäle, noch die der Heereslieferanten rühren.

Die Solidarität der Mächtigen ist viel stärker als die der Völker. Sie geht durch die Jahrhunderte einher, und es besteht (in gewissem Sinne) eine stärkere Zusammengehörigkeit zwischen den römischen Caesaren, den Königen von Frankreich und den Zaren als zwischen den gleichzeitig lebenden Proletariern zweier Nachbarvölker. Die Solidarität der Mächtigen ist eine solche Idee, die der Völker eine solche der Not.

Hermann Hesse

Ja, die Gewalt ist das Böse …

Ja, die Gewalt ist das Böse, und die Gewaltlosigkeit der einzige Weg derer, die wach geworden sind. Dieser Weg wird niemals der aller sein … Die Bösen werden regieren und raffen, und die Gleichgültigen werden, sei es jubelnd oder knirschend mitlaufen, und die wenigen Wachgewordenen werden zusehen, werden aber auch immer wieder der Welt des Bösen und der Macht solch wunderbare Rettungsversuche entgegensetzen wie die Buddha, Sokrates, Jesus, wie das Urchristentum, das Quäkertum, den Geist Gandhis.

Wenn man weiß, auf welcher Seite man steht, lebt man freier und ruhiger. Immer muß man auf Leiden und Vergewaltigung gefaßt sein, niemals aber darf man zum Töten bereit sein.

Vom Zweifel und vom Glauben

Christian Morgenstern

Aus dem Tagebuch eines Mystikers

Dasselbe kann nicht zugleich zweierlei sein. Mensch und Gott ist dasselbe, also kann Gott nicht vom Menschen erkannt werden. Erkannt werden kann nur eins vom andern. Der Mensch kann sich nicht nach sich selbst umdrehen und darum wird er nie wissen, wer er eigentlich ist, woher, wohin, warum. Und *mit ihm* wird es Gott nie wissen. Gott ist sich selbst Mysterium. Und wäre dies schließlich nicht das Letzte – was wäre dann die Welt? Eine Sphinx, die, gelöst, in den Abgrund stürzen *müßte*. Ihr tiefster Sinn wäre damit verloren – das Nieaussinnbare. Sie hätte jeden Grund verloren, weiter zu *sein*; denn der Welt Grund ist allein ihr *Ziel*. Wo aber ein Ziel erreicht ist, ist Tod und Ende. Welt, Gott, heißt stets unerreichtes Ziel. Und so unerreichbar ist dieses Ziel, daß wir nicht einmal wissen, wo es liegt, wie es heißt. Aber immer sucht das Universum. Gott ist der Welt Suche nach ihm. Die Welt ist Gottes Suche nach Sich, nach Seinem Sinn, nach Seinem Grund. Alles ist *Weg*, Gott ist *Weg*. Das Kleinste wie das Größte, alles ist nur ein Weg. Der Weg nach dem Sinn ist der Sinn selber. Der Weg nach dem Sinn ist der *Sinn* des Wegs.

Arthur Schnitzler

Über den Zweifel und den Glauben

Der Zweifler – der Gläubige: sollten wir nicht andere Bezeichnungen für sie wählen? Statt Zweifler wäre nicht besser: der Fragende? (Denn der Zweifler ist keineswegs ungläubig, er weiß nur nicht, was er glauben soll. Da jede Religion andere Glaubenssatzungen hat, müssen sich alle außer einer, wahrscheinlich sogar jede, in einem Irrtum befinden.) Statt des Namens der Gläubige, sollten wir lieber sagen: der Leichtgläubige – dies im allerbesten Fall. Oder der Abergläubische, der Gedankenfaule, der Schwachsinnige oder der Schwindler? (Hochmütig ist der Gläubige in jedem Fall. Er sieht mit Verachtung, ja mit einer Neigung zu verdächtigen auf den sogenannten Zweifler herab.)

Glaube kann nichts anderes bedeuten als die Überzeugung davon, daß das Leben als solches mit all seinen Unbegreiflichkeiten, mit all seinen Grauen und mit all seinen Wundern einen Sinn hat. Jedenfalls ist der Glaube eine Sache, die mit dem Geist absolut nichts zu tun hat, er ist nur eine Angelegenheit des Gemütes, das mit dem Charakter zwar verwandt ist, aber doch wieder davon geschieden sein muß. Dieser Glaube gibt dem Leben im allgemeinen, keineswegs dem Leben an sich, aber doch dem Leben des Gläubigen einen Sinn.

Es gibt nur eines, was wir mit vollkommener Sicherheit wissen: daß wir um uns, über oder unter uns ein Element, ein Unbekanntes, ein Unfaßbares fühlen, das unserer Einflußnahme vollkommen entrückt ist. Wir wissen aber nicht, inwiefern wir selbst der Einflußnahme dieses Unfaßbaren ausgeliefert sind.

Ein allgerechter Gott ist nur denkbar, wenn man zugleich ein Jenseits mit persönlicher Unsterblichkeit annimmt.
Denn nach unseren menschlichen Begriffen (und wenn wir begrifflich denken, können wir eben nur in menschlichen Begriffen denken, sonst wäre jede Verständigung von Mensch zu Mensch unmöglich) gibt es in unserm Diesseits nichts, was wir als göttliche Gerechtigkeit bezeichnen dürften. Es verträgt sich z. B. mit unseren menschlichen Begriffen von göttlicher Gerechtigkeit so wenig, wenn wir ein zweifellos unschuldiges Kind qualvoll leiden sehen, als wenn wir einen abgefeimten Schuften eine köstliche Existenz führen und ein seliges Ende finden sehen. Und auch wenn wir annehmen, daß die Sünden der Väter tatsächlich an den Kindern gestraft werden, so würde das nur einen neuen Beweis gegen das Walten einer göttlichen Gerechtigkeit bedeuten; eher könnten wir es noch fassen, wenn Gott die Sünden der Kinder an den Vätern rächte.
Doch wir können niemanden hindern zu glauben, daß im Jenseits der Schuldige seine Strafe und der unschuldige oder gar edle Mensch seinen Lohn erhalte. Erfahrungstatsachen für das Bestehen einer solchen göttlichen Gerechtigkeit existieren nicht. Daß Menschen an sie dennoch glauben, entspringt nur dem Wunsche nach dem Vorhanden-

sein einer solchen Gerechtigkeit und der Verzweiflung über die Ungerechtigkeit, die wir auf Erden überall in ungeheuerstem Maße walten sehen.

ALBERT EINSTEIN

Was ist Religion?

Darüber, was wir unter Wissenschaft zu verstehen haben, dürften wir uns alle ziemlich leicht einigen können. Wissenschaft ist das durch die Jahrhunderte fortgesetzte Bemühen, die wahrnehmbaren Erscheinungen dieser Welt durch systematisches Denken in einen möglichst vollkommenen Zusammenhang zueinander zu bringen. Kühn ausgedrückt ist es der Versuch einer Nachschöpfung des Seienden auf dem Wege begrifflicher Konstruktion. Wenn ich mich aber frage, was Religion sei, fällt mir die Antwort nicht leicht.

Statt zu fragen, was Religion sei, will ich lieber zunächst fragen, wie das Streben eines Menschen beschaffen ist, der auf mich den Eindruck eines religiösen Menschen macht: einer, der sich nach seinem besten Vermögen von den Fesseln seiner selbstischen Wünsche befreit hat und erfüllt ist von Gedanken, Gefühlen und Bestrebungen, an denen er hängt um deren außerpersönlichen Wertes willen, der erscheint mir als ein religiös erleuchteter Mensch. Auf die Stärke dieser außerpersönlichen Inhalte und auf die Tiefe der Überzeugung von deren überwältigender Bedeutung scheint es mir dabei anzukommen, unabhängig davon, ob der Versuch gemacht wird, diese Inhalte mit einer göttlichen Person in Verbindung zu bringen; denn sonst dürfte man Buddha und Spinoza nicht zu den religiösen Persönlichkeiten zählen. Ein religiöser Mensch ist demnach in dem Sinne gläubig, daß er nicht zweifelt an der Bedeutung und Erhabenheit jener außerpersönlichen Inhalte und Ziele, die einer verstandesmäßigen Begründung weder fähig sind noch bedürfen. Sie sind da mit derselben Notwendigkeit und Selbstverständlichkeit wie er selbst. Religion in diesem Sinne ist das durch die Jahrhunderte fortgesetzte Streben der Menschen, sich dieser Werte und Ziele vollständig und klar bewußt zu werden und sie zu stets verstärkter und vertiefter Wirkung zu bringen. Faßt man Religion und Wissenschaft im Sinne dieser Definitionen auf, so erscheint ein Konflikt zwischen beiden unmöglich. Denn die Wissenschaft kann nur feststellen, was *ist*, nicht aber, was sein soll; Werturteile jeder Art bleiben notwendig außerhalb ihres Bereiches. Die Religion aber hat nur mit Wertungen menschlichen Denkens und Tuns zu schaffen; sie kann mit Recht nichts aussagen über Tatsachen und Relationen zwischen Tatsachen. Die wohlbekannten Konflikte zwischen Religion und Wissenschaft in der Vergangenheit sind nach dieser Auffassung lediglich auf eine Verkennung des geschilderten Sachverhaltes zurückzuführen.

LUDWIG WITTGENSTEIN

Was für eine Bewandtnis ...

Was für eine Bewandtnis hat es eigentlich mit dem menschlichen Willen? Ich will »Willen« vor allem den Träger von Gut und Böse nennen.

Stellen wir uns einen Menschen vor, der keines seiner Glieder gebrauchen und daher im gewöhnlichen Sinne seinen *Willen* nicht betätigen könnte. Er könnte aber denken und *wünschen* und einem Anderen seine Gedanken mitteilen. Könnte also auch durch den Anderen Böses oder Gutes tun. Dann ist klar, daß die Ethik auch für ihn Geltung hätte, und er im *ethischen Sinne* Träger eines *Willens* ist.

Ist nun ein prinzipieller Unterschied zwischen diesem Willen und *dem*, der den menschlichen Körper in Bewegung setzt?

Oder liegt hier der Fehler darin, daß auch schon das *Wünschen* (resp. Denken) eine Handlung des Willens ist? (Und in diesem Sinne wäre allerdings der Mensch *ohne* Willen nicht lebendig.)

Ist aber ein Wesen denkbar, das nur vorstellen (etwa sehen), aber gar nicht wollen könnte? In irgendeinem Sinne scheint dies unmöglich. Wäre es aber möglich, dann könnte es auch eine Welt geben ohne Ethik.

Die Welt und das Leben sind Eins.

Das physiologische Leben ist natürlich nicht »das Leben«. Und auch nicht das psychologische. Das Leben ist die Welt.

Die Ethik handelt nicht von der Welt. Die Ethik muß eine Bedingung der Welt sein, wie die Logik.
Ethik und Aesthetik sind Eins.

HANNAH ARENDT

Die Macht, zu verzeihen

Was das Verzeihen innerhalb des Bereiches menschlicher Angelegenheiten vermag, hat wohl Jesus von Nazareth zuerst gesehen und entdeckt. Daß diese Entdeckung in einem religiösen Zusammenhang gemacht und ausgesprochen ist, ist noch kein Grund, sie nicht auch in einem durchaus diesseitigen Sinne so ernst zu nehmen, wie sie es verdient.

Entscheidend in unserem Zusammenhang ist, daß Jesus gegen die »Schriftgelehrten und Pharisäer« die Ansicht vertritt, daß nicht nur Gott die Macht habe, Sünden zu vergeben, ja daß diese Fähigkeit unter den Menschen noch nicht einmal auf die göttliche Barmherzigkeit zurückzuführen sei – als vergeben nicht die Menschen einander, sondern Gott den Menschen, indem er sich eines menschlichen Mediums bedient –, sondern umgekehrt von den Menschen in ihrem Miteinander mobilisiert werden muß, damit dann auch Gott ihnen verzeihen könne. Jesus spricht sich in dieser Hinsicht mit aller Schärfe und Deutlichkeit aus. Nach dem Evangelium soll der Mensch nicht vergeben, weil Gott vergibt und er gleicherweise handeln müsse, sondern umgekehrt: Gott vergibt »uns unsere Schuld, wie wir vergeben unseren Schuldigern«. Zweifellos bildet die Einsicht: »Denn sie wissen nicht, was sie tun« den eigentlichen Grund dafür, daß Menschen einander vergeben sollen; aber gerade darum gilt auch diese Pflicht des Vergebens nicht für das Böse, von dem der Mensch im Vorhinein weiß, und sie bezieht sich keineswegs auf den Verbrecher. Dies ergibt sich bereits aus dem Vers: »Und wenn er siebenmal des Tages an dir sündigen würde und siebenmal wieder käme und spräche: es reuet mich, so sollst du ihm vergeben.« Daß jemand das Böse direkt will, ist selten, es geschieht nicht siebenmal des Tages; Verbrechen sind nicht häufiger als tätige Güte. Was sie betrifft, so meint Jesus, daß sie in der Tat nur von Gott vergeben oder gerichtet werden können am Tage eines Jüngsten Gerichts, das aber im irdischen Leben keine Rolle spielt, und für das überhaupt nicht Verzeihung oder Erbarmung charakteristisch sind, sondern daß einem jeglichen »vergolten« werden wird nach seinen Werken. Aber Verfehlungen sind alltägliche Vorkommnisse, die sich aus der Natur des Handelns selbst ergeben; sie bedürfen der Verzeihung, des Vergebens und Vergessens, denn das menschliche Leben könnte gar nicht weitergehen, wenn Menschen sich nicht ständig gegenseitig von den Folgen dessen befreien würden, was sie getan haben, ohne zu wissen, was sie tun. Nur durch dieses dauernde gegenseitige Sich-Entlasten und Entbinden können Menschen, die mit der Mitgift der Freiheit auf die Welt kommen, auch in der Welt frei bleiben, und nur in dem Maße, in dem sie gewillt sind, ihren Sinn zu ändern und neu anzufangen, werden sie instand gesetzt, ein so ungeheueres und ungeheuer gefährliches Vermögen wie das der Freiheit und des Beginnens einigermaßen zu handhaben.

George Bernard Shaw

Der Mensch lebt nicht vom Brot allein

Der Mensch lebt nicht vom Brot allein; aber er kann nicht leben ohne Brot; also muß das Brot erst einmal dasein, auch wenn die Dinge, die danach folgen, höhere Dinge sein mögen. Wir müssen dem Mammon eifrig und wohlüberlegt dienen, ehe wir Gott dienen können. Die Richtigkeit dieser These mag jeder selbst nachprüfen, er soll nur einmal versuchen, seine Mahlzeiten durch Gebete zu ersetzen.

Genauso, wie die Kirche davon ausgehen muß, daß alle Seelen gleich wertvoll sind und wir konsequenterweise vor Gott alle gleich sind, oder aber die Religion würde sich selbst ad absurdum führen, genauso wird man auch lernen, von der praktischen und unvermeidlichen Notwendigkeit auszugehen, daß jedermanns Bedürfnis nach Geld gleich ist, andernfalls aber zur Strafe eine zerrissene Gesellschaft, wie wir sie heute haben, erwarten müssen.

Ehrlichkeit ist nicht ein subjetiver Eindruck, sondern eine Bedingung gesellschaftlichen Lebens, die exakt definiert werden kann. Sie bedeutet, daß, wenn jemand eine Stunde für einen anderen gearbeitet hat, dieser andere nicht weniger als eine Stunde für ihn arbeiten muß.

Alle, die es im Leben zu etwas wirklich Besonderem bringen, beginnen als Revolutionäre. Die Besten unter ihnen werden mit wachsendem Alter immer revolutionärer, obwohl man von ihnen allgemein annimmt, daß sie konservativer werden, weil sie das Vertrauen in die herkömmlichen Methoden der Reform verlieren.

Jeder Mensch unter dreißig, der überhaupt etwas über die bestehende soziale Ordnung weiß und nicht Revolutionär ist, ist nur Mittelmaß.

Zeit – Vergänglichkeit

Arthur Schopenhauer

Was ist die Zeit?

So sehr auch auf der Bühne der Welt die Stücke und die Masken wechseln, so bleiben doch in allen die Schauspieler dieselben. Wir sitzen zusammen und reden und regen einander auf, und die Augen leuchten und die Stimmen werden schallender: ganz ebenso haben andere gesessen, vor tausend Jahren: es war dasselbe und es waren dieselben: ebenso wird es sein über tausend Jahre. Die Vorrichtung, wodurch wir dessen nicht innewerden, ist die Zeit.
Daß die Zeit überall und in allen Köpfen vollkommen gleichmäßig verläuft, ließe sich sehr wohl begreifen, wenn dieselbe etwas rein Äußerliches, Objektives, durch die Sinne Wahrnehmbares wäre wie die Körper. Aber das ist sie nicht: wir können sie nicht sehn noch tasten. Auch ist sie keineswegs die bloße Bewegung oder sonstige Veränderung der Körper: diese vielmehr ist *in* der Zeit, welche also von ihr schon als Bedingung vorausgesetzt wird: denn die Uhr geht zu schnell oder zu langsam, aber nicht mit ihr die Zeit, sondern das Gleichmäßige und Normale, worauf jenes Schnell und Langsam sich bezieht, ist der wirkliche Lauf der Zeit. Die Uhr *mißt* die Zeit; aber sie *macht* sie nicht. Wenn alle Uhren stehnblieben, wenn die Sonne selbst stillstände, wenn alle und jede Bewegung oder Veränderung stockte; so würde dies doch den Lauf der Zeit keinen Augenblick hemmen, sondern sie würde ihren gleichmäßigen Gang fortsetzen und nun, ohne von Verän-

derungen begleitet zu sein, verfließen. Dabei ist sie dennoch, wie gesagt, nichts Wahrnehmbares, nichts äußerlich Gegebenes und auf uns Einwirkendes, also kein eigentlich Objektives. Da bleibt eben nichts übrig, als daß sie in uns liege, unser eigener, ungestört fortschreitender, mentaler Prozeß, oder, wie Kant es sagt, die Form des innern Sinnes und alles unsers Vorstellens sei; mithin das unterste Grundgerüst der Schaubühne dieser objektiven Welt ausmache. Jene Gleichmäßigkeit ihres Laufes in allen Köpfen beweist mehr als irgend etwas, daß wir alle in denselben Traum versenkt sind, ja, daß es *ein* Wesen ist, welches ihn träumt.

JEAN JACQUES ROUSSEAU

Die zweite Geburt im Leben

Wie schnell gleiten wir über diese Erde hin! Das erste Viertel des Lebens ist verflossen, bevor wir es noch zu gebrauchen wissen. Das letzte Viertel verfließt ebenfalls, während man schon aufgehört hat, es zu genießen. Anfangs verstehen wir nicht zu leben, bald darauf können wir es nicht mehr, und in der Zwischenzeit, die diese beiden wertlosen Endstrecken scheidet, gehen drei Viertel der Zeit, die uns übrigbleibt, durch Schlaf, Arbeit, Schmerz, Mühseligkeiten aller Art verloren. Das Leben ist kurz, weniger wegen der kurzen Zeit, die es dauert, sondern weil uns von dieser kurzen Zeit fast keine bleibt, es zu genießen.

Wir werden sozusagen zweimal geboren, einmal zum Dasein, das andere Mal zum Leben; das eine Mal für die menschliche Gattung, dann für ein bestimmtes Geschlecht. Es ist das die zweite Geburt. Hier wird der Mensch wirklich zum Leben geboren, nichts Menschliches bleibt ihm mehr fremd. Diese Epoche, in der man gewöhnlich die Erziehung beendigt, ist gerade die, in der die unsere einsetzen soll. Unsere Leidenschaften sind die vornehmsten Werkzeuge unserer Selbsterhaltung. Es ist ein ebenso lächerliches wie vergebliches Unternehmen, sie zerstören zu wollen. Das heißt die Natur zurechtweisen, das Werk Gottes verbessern. Würde Gott dem Menschen sagen, er solle die Leidenschaften abtöten, die er ihm gibt, so würde Gott wollen und auch nicht wollen, er würde sich widersprechen. Niemals hat er dieses widersinnige Gebot gegeben, nichts Derartiges steht im menschlichen Herzen geschrieben. Was Gott von dem Menschen verlangt, das läßt er ihm nicht von einem anderen Menschen sagen, er sagt es ihm selbst, er schreibt es ihm ins Herz.

SENECA

Über die Kürze des Lebens

Die meisten Menschen, Paulinus, beklagen sich über die Mißgunst der Natur: Nur für eine kurze Spanne Zeit werden wir geboren, die uns gegebene Frist läuft so schnell, so stürmisch ab, daß das Leben alle Menschen mit Ausnahme von ganz wenigen mitten in der Vorbereitung auf das Leben verläßt. Über dieses, wie man glaubt, allgemeine Übel haben nicht nur gewöhnliche Leute und die unwissende Masse geseufzt; auch bei berühmten Männern hat dieses Gefühl Klagen hervorgerufen. Daher der bekannte Ausruf des größten aller Ärzte: »Kurz ist das Leben, lang die Kunst.« Daher der zu einem Philosophen gar nicht passende Streit des Aristoteles, der mit der Natur rechtete: »Den Tieren hat sie so viel Lebenszeit bewilligt, daß sie fünf oder zehn Generationen lang leben, dem Menschen aber, der zu so Vielem und so Großem geboren ist, ist ein so viel früheres Ende bestimmt.«

Wir haben nicht wenig Zeit – wir haben viel Zeit vertan. Das Leben ist lang genug und reicht aus zur Vollendung größter Taten, wenn es als Ganzes gut angelegt würde; sobald es aber durch Verschwendung und Achtlosigkeit zerrinnt, dann merken wir erst vom äußersten Verhängnis bedrängt, daß es vergangen ist – daß es vergeht, haben wir nicht erkannt.

Ja, es ist nicht so, daß wir ein kurzes Leben bekommen, sondern wir haben es kurz gemacht; wir gehen nur verschwenderisch damit um. Wie ein gewaltiges, königliches Vermögen, wenn es an einen schlechten Herrn geraten ist, im Nu verschleudert wird, ein noch so bescheidenes jedoch durch Nutzung wächst, wenn es einem übergeben worden ist, der es gut behütet, so bietet unser Leben dem, der es gut einteilt, weiten Spielraum.

Was klagen wir über die Natur? Sie hat sich freigebig gezeigt: das Leben ist lang, wenn man es zu gebrauchen versteht. Aber den einen hält unersättliche Habsucht gefangen, den anderen mühevolle Betriebsamkeit in überflüssigen Anstrengungen; der eine trieft vom Wein, der andere ist vor Trägheit starr; den einen zermürbt Ehrgeiz, der immer von fremder Meinung abhängig ist, den andern treibt blindwütige Gier nach Geschäften in der Hoffnung auf Gewinn kreuz und quer durch alle Länder, alle Meere; wieder andere gibt es, die die undankbare Ergebenheit vor Höhergestellten in freiwilliger Knechtschaft aufreibt.

Sehr viele, die kein bestimmtes Ziel verfolgen, hat haltlos schwankende Unbeständigkeit, die sich selbst nicht leiden kann, in immer neue Pläne getrieben; manche finden an nichts Gefallen, worauf sie zusteuern könnten, sondern in Schlaffheit und im Dämmerzustand trifft sie der Tod an, so daß ich nicht an der Wahrheit jenes Satzes zweifeln kann, der bei einem großen Dichter wie ein Orakel ausgesprochen ist: »Nur einen kleinen Teil des Lebens leben wir.« Die ganze übrige Dauer ist ja nicht Leben, sondern bloß Zeit.

ERHART KÄSTNER

Wir fallen mit Lust . . .

Wir fallen mit Lust in die tiefschwarzen Schächte des Schlafs und loben die Zeit, von der wir nichts wissen, als daß wir sie träumend hingebracht haben; wir beklagen uns laut, wenn uns eine Nacht lang die Krankheit des Zeitgefühles nicht mied. Also verdienen alle die Vorgänge unsere Aufmerksamkeit, mit deren Hilfe wir Zeit löschen: nicht vertreiben natürlich, nicht übergehen, sondern wirklich auslöschen. Es sind die Momente des großen Glücks und Unglücks, die sich da melden. So löscht die Liebe die Zeit. Liebesentzückung ist Ausstieg aus Zeit. Es ist unser tiefes Paradoxon, daß sich gerade aus diesem Ausstieg junges Leben erzeugt: also neuer Vorrat an Zeit. Jede Versenkung ist Ausstieg aus Zeit; Traum, Rausch und Lied löschen Zeit. Das Gespräch entmachtet die Zeit. Dann ist es, als ob das verhaßte Zahnrad nicht griffe. Wir sind abgelöst, Zeit muß sich drehen, ohne Macht an uns auslassen zu können.

Die Zeit ist das Leere an sich.

So gesehen ist es absurd, daß man mehrmals am Tage Zeit mißt. Ja, manche Leute tragen ständig ein Uhrwerk mit sich herum, um immer das Leere zu messen. Sie sollten die Zeit an der Fülle messen, mit deren Hilfe ihnen Zeit zu löschen gelang. Das gäbe andere Uhren.

Es ist eine der Unsinnigkeiten, aus denen wir leben, daß wir Zeit zwar mit Lust tilgen, wenn es aber daran geht, das Zeitliche ganz zu verlassen, und das ist doch die größte

Chance zum Löschen von Zeit, gebärden wir uns wie die Kinder, die nicht zu Bett gehen wollen. Man muß doch geradezu auf den Gedanken verfallen, daß Zeit uns gewährt ist, damit wir sie löschen. Immer ein wenig gelöscht heißt vorwärts gekommen.

Jeder rechnet sein Leben doch nur nach den Momenten, in denen ihm die echte Zeitüberwindung gelang, seien es nun die Liebesstunden oder die Katastrophen seines Lebens gewesen. Das ist so, wie wenn wir früher die große Schultafel löschten: welches Vergnügen, das Schwemmen und Löschen, welche Wohltat die Schwärze; sie kam ohne Zweifel von Gott. Denn die Tafel muß leer sein, wenn Gott etwas daraufschreiben soll. So hat das Kind ein königliches Verhältnis zur Zeit, nämlich keins, wenn es spielt. Das ist es, was wir an der Kindheit bewundern: Ausstieg aus Zeit, Paradies.

STEFAN ZWEIG

Die Kunst des Briefes

Eine edle und kostbare Kunst scheint ihrem Ende entgegenzugehen: die Kunst des Briefes. Was sie so wundervoll machte und ihr ein so weit verbundenes Leben, einen so einzigen Reichtum verliehen hat, war, daß diese Kunst nicht wie alle andern allein an die Künstler gebunden blieb: jedem einzelnen Menschen war es gegeben, seinen Augenblicken inneren Aufschwungs und einer nur vorübergehend in ihn eingebrochenen Beseelung im Briefe Ausdruck zu verleihen. Man gab einem Freunde, einem Fremden, was man vom Tage empfing, ein Geschehnis, ein Buch, ein Gefühl, gab es weiter mit leichter Hand, ohne die Prätension eines Geschenks, ohne die gefährliche Anspannung, für ein Kunstwerk verantwortlich zu sein. So entstanden in vergangenen Zeiten zahllose kleine Wunder der Wahrheit in einer stillen Welt, in der noch der Brief bindende Kraft und die Botschaft von Mensch zu Mensch still beschwörende Gewalt hatte.

Aber diese edle, diese reine Kunst des Briefes scheint zu Ende zu gehen. Ihr erster Vernichter war die Zeitung, in der alles für alle geschrieben ist, in der die Nachrichten, die sonst abgetönt dem einzelnen zugesprochen waren, in sachlicher und kalter Form dem Massengebrauch dargeboten werden. Der zweite Vernichter war die Schreibmaschine, die das Wort entseelt und jenes geheime Bildnis, das jeder Mensch in seiner Schrift von sich gibt, wie hinter einem kalten Spiegel verschwinden läßt; die dritte Vernichtung kam vom Telephon, wo die Menschen nun mit der ihnen zugemessenen Hast alles einander berichten können, ehe es noch warm in das Innere, in das lebendige Blut gedrungen ist. So sind in den Millionen Briefblättern, die jeder Tag in schweren Säcken, in Karren durch die Städte schleppt, kaum mehr ein Dutzend lebendiger und gestalteter Worte, und ganz schon verloren jene einsame Anstrengung, jene für uns schon ganz unfaßliche Liebe, mit denen die Vorfahren unseres Blutes und unseres Geistes einst ihre Briefe schrieben.

Aber ein wie Geheimnisvolles ist damit von uns gegangen, daß wir dem Brief unsere Liebe nahmen! Dadurch, daß jeder Brief sich immer an einen Einzelnen wendet, an einen bestimmten, dem Gefühl gegenwärtigen Menschen, wurde er unwillkürlich zum Doppelbildnis des Sprechenden. Unbewußt antwortete die Stimme des Angesprochenen, und dieses Fluidum von Gemeinsamkeit strahlte eine Vertrautheit aus, die offen war und intim zugleich, beredt und verschwiegen, vertraulich und verbergend in einem. Manche Dinge vermochten überhaupt nur in diesem unbeschreiblichen Tonfall ausgesprochen zu werden, den die Rede zu zweien hat, und und vielleicht sind manche der seelenvollsten Mitteilungen unserer Zeit nur darum verloren, weil wir diese Kunst des Briefes verlernt zu haben scheinen.

PABLO NERUDA

Ein anderes Schloß

Nein, ich bin nicht der Feurige,
ich bestehe aus Kleidern, Rheumatismus,
zerrissenen Papieren, vergessenen Zitaten,
armseligem Höhlengekritzel auf etwas,
was einmal stolze Steine waren.

Wo ist das Schloß des Regens geblieben,
wo die Zeit des Wachsens mit ihren traurigen Träumen
und jener halbentfaltete Plan
von ausgebreiteten Schwingen, vom Adler am Himmel,
von heraldischem Feuer?

Nein, ich bin nicht der Blitz
aus blauem Feuer, niederzuckend wie eine Lanze,
die jedes Herz ohne Bitterkeit durchbohrt.

Das Leben ist nicht die Spitze eines Messers,
kein niederschmetternder Stern,
sondern ein leiser Verschleiß im Leihkostüm,
ein tausendfach wiederholter Schuh,
eine Medaille, die langsam oxydiert
im Innern einer dunklen, dunklen Truhe.

Ich verlange keine frische Rose, keine Schmerzen,
nicht Gleichgültigkeit ist's, was mich verzehrt,

sondern daß jedes Zeichen geschrieben ist,
Salz und Wind verwischen die Schrift,
und die Seele ist nun eine schweigende Trommel
am Ufer eines Flusses, jenes Flusses,
der dort war und dort sein wird weiterhin.

Die Kunst des Müßiggangs

Ludwig Uhland

Über die göttliche Ruhe

Ist nicht der Schlaf selbst der Gott, der von jeher über die mächtigsten Götter, die tätigsten Menschen (ich nenne nur Karl den Großen in seinem Streben, alle Welt zu beherrschen, und Karl den Kleinen in seinem Eifer, alle Welt zu bedienen) Macht ausübte, dem auch der alte Priester Orpheus einen feierlichen Hymnos geweihet?

Habt ihr nie die heilige Kunde von Endymion vernommen? Er war König in Elis; Ruhe und Schlaf seinem Volke zu verschaffen, war sein eifriges Bemühen. Mit Wohlgefallen sah Zeus auf ihn herab und erhub den edlen Herrscher, ob er gleich noch ein Jüngling war, in die Zahl der Götter. Aber zu lärmend war es dem neuen Gotte in den Hallen des Olymps, er sank nieder zu des Donnerers Füßen: »Hast du zum Gott mich gemacht, so schenke mir auch göttliche Ruhe; verleihe mir ewigen Schlaf, denn Ewiges ziemet den Ewigen!« Nicht versagen konnte der gerührte Zeus diese Bitte, und sanft schlummert nun der Jüngling in einer Grotte des Berges Latmos. In milden, duftenden Nächten senkt sich seine Geliebte, die schöne Nachtwandlerin Selene, zu ihm nieder, küßt ihm die glühende Wange, und ätherische Träume durchzittern dann die Seelen beider Liebenden. Das ist die zarte Liebe der Himmlischen.

Wenn die Morgenstunde Gold im Mund hat, woher bringt sie es als aus den dunklen Schächten des nächtlichen Schlafes? Nur im Schlaf erzeugen sich die herrlichsten

Gedanken und Gefühle, die am Morgen so reichlich in die Feder strömen.

Auch der Sprachgebrauch, der sprechendste Beweis allgemeiner Anerkennung, zeugt, wie das Große nur in Schlaf und Ruhe gedeiht. Man sagt: litteris *incumbere* – sich auf Wissenschaften *legen*; wenn man eine Sache in die reiflichste Erwägung ziehen will, so dingt man sich aus, noch eine Nacht darüber zu schlafen; wir sehen endlich aus jeder Hofzeitung, daß die Herrscher dieser Erde ihre wichtigsten Handlungen zu verrichten *geruhen*.

Ließen mich die Götter einst wählen, ob sie mich in den Orkus oder nach Elysium versetzen sollten, so würd ich sagen: Dort verstattet die Qual, hier die Lust keine Ruhe, darum legt mich in einen Nachen des Lethestroms, der zwischen Orkus und Elysium still und gemächlich dahinfließt.

JOHN LOCKE

Über den richtigen Gebrauch des Verstandes

Arbeit um der Arbeit willen ist naturwidrig. Der Verstand wählt wie alle anderen Kräfte den kürzesten Weg zum Ziel, will die gesuchte Erkenntnis rasch erlangen und sich dann an neue Aufgaben machen. Aber solche Flüchtigkeit oder Hast (was es auch sei) führt oft irre und veranlaßt den Verstand zu ungeeignetem Verfahren und fördert das Ergebnis nicht. Weil es leichter ist zu glauben, als wissenschaftlich festzustellen, verläßt man sich manchmal auf Berichte, wo Berichte nicht angebracht sind; manchmal begnügt man sich mit *einer* Tatsache, und läßt sich von dieser überzeugen, als ob es sich um eine Darstellung handle, während die betreffende Frage nicht durch Aufzeigen von Tatsachen erledigt werden kann, sondern eine Untersuchung von Wahrscheinlichkeiten erfordert, wozu das ganze dafür und dawider sprechende Material geprüft und verglichen werden muß. Manchmal läßt sich der Forscher durch Wahrscheinlichkeiten bestimmen, wo Tatsachen aufgesucht werden müßten. All das, und manches andere,wie Faulheit, Ungeduld, Gewohnheit, Mangel an Übung und Aufmerksamkeit, führt hinters Licht und täuscht den die Wahrheit suchenden Verstand. Bei jeder Frage sollte zuerst überlegt werden, auf welche Art und Weise sie beantwortet oder gelöst werden kann, damit die Untersuchung den rechten Weg geht. Dadurch würde ein großer

Teil oft unnötiger Mühe erspart und die Entdeckung und der Besitz der uns erreichbaren Wahrheit beschleunigt. Denn wer etwas wissen will, muß die Wahrheit aus dem Zusammenhang des Beweisganges ersehen und den Grund einsehen, darauf er fußt; hat er aber in der Eile das übersprungen, was er hätte durchforschen sollen, so muß er wieder vorne anfangen und den Weg noch einmal gehen, oder er wird nie zur Wahrheit gelangen.

Blaise Pascal

Wenn ich mich mitunter daran gemacht habe ...

Wenn ich mich mitunter daran gemacht habe, die vielfältige Geschäftigkeit der Menschen zu betrachten, die Gefahren und Mühsale, denen sie sich aussetzen, bei Hofe, im Kriege, woraus so viel Händel erwachsen, so viel Leidenschaften, so viel verwegene und oft schlimme Unternehmungen usw., habe ich entdeckt, daß alles Unglück der Menschen von einem Einzigen herkommt: daß sie es nämlich nicht verstehen, in Ruhe in einem Zimmer zu bleiben. Wenn ein Mensch, der genug zum Leben besitzt, mit Freuden zu Hause bleiben vermöchte, würde er nicht hinausgehen, um über das Meer zu fahren oder eine Festung zu belagern.

Aber als ich das näher bedachte, und nachdem ich die Ursache all unseres Unglücks gefunden hatte, wollte ich den Grund davon entdecken, und ich fand, daß es einen sehr wirklichen dafür gibt; er besteht in dem natürlichen Unglück unserer schwachen und sterblichen Verfassung, die so erbärmlich ist, daß nichts uns trösten kann, wenn wir näher daran denken.

Daher kommt es, daß das Spiel und die Unterhaltung mit Frauen, der Krieg, die hohen Ämter, so gesucht sind; nicht etwa, weil darin wirklich Glück läge, noch weil man sich einbildete, die wahre Glückseligkeit bestünde darin, das Geld zu besitzen, das man im Spiel gewinnen kann, oder in dem Hasen, den man jagt: man würde nichts davon wollen, wenn es einem angeboten würde; nicht nach diesem weichlichen und geruhsamen Genuß trachtet man, der uns nur an unsere unglückliche Verfassung denken läßt, auch nicht nach den Gefahren des Krieges oder der Mühsal der Ämter, sondern nach dem Wirrwarr, der uns davon abhält, daran zu denken, und der uns zerstreut …

Daher kommt es, daß die Menschen so sehr den Lärm und den Umtrieb lieben; daher kommt es, daß das Gefängnis eine so entsetzliche Strafe ist; daher kommt es, daß die Freude an der Einsamkeit etwas so Unbegreifliches ist …

Michel de Montaigne

Ich liebe das Leben ...

Ich liebe das Leben und pflege sein, wie es Gott gefallen hat, mich damit zu begaben. Auch wünschte ich keineswegs, daß der Körper frei wäre von allen Begierden und Kitzel. Dergleichen Wünsche sind undankbar und gottlos. Ich empfange mit frohem Herzen und Danksagung, was die Natur für mich getan hat, bin darüber froh und preise solches. Man ist ungerecht gegen den großen und allmächtigen Geber, wenn man seine Gaben nicht achtet, sie vernichtet und entstellt. Der Allgütige hat alles gut gemacht: Unter den philosophischen Meinungen halte ich mich am liebsten an diejenigen, welche die haltbarsten sind, das heißt, welche sich am meisten mit uns und unserer Menschheit vertragen. Mein Gedankenflug ist meinen Sitten gemäß, niedrig und doch mutig. Die Philosophie tut nach meiner Meinung sehr kindisch, wenn sie sich auf ihr metaphysisches Steckenpferd setzt, um uns vorzupredigen, es sei eine ungeheure Verbindung, das Göttliche mit dem Irdischen, das Vernünftige mit dem Unvernünftigen, die Strenge mit der Duldung, das Schickliche mit dem Unschicklichen zu paaren. Die Wollust sei eine tierische Eigenschaft und nicht würdig, daß der Weise davon koste; das einzige Vergnügen, das er aus dem Genusse einer jungen schönen Frau ziehe, sei die vergnügte Überzeugung seines Gewissens, daß er eine ebenso notwendige Handlung verrichte als jemand, der seine Stiefel anzieht, wenn er einen ersprießlichen Ritt vor hat. Die Anhänger solcher Philosophie sollten billig bei der ersten Lösung des Gürtels ihrer Bräute nicht mehr Recht, Kraft und Saft haben als ihre Lehren.

Nicht also spricht Sokrates, ihr Meister und der unsrige. Er würdigt, wie er soll, die körperliche Wollust, gibt aber der Wollust des Geistes den Vorzug, weil solche mehr Stärke, Dauer, Leichtigkeit, Wechselung und Würde hat. Diese geht nach seiner Meinung keineswegs allein, solch ein Schwärmer ist er nicht, sondern nur den übrigen vor. Für ihn ist die Enthaltsamkeit eine Mäßigerin, aber keine Feindin der Wollust. Die Natur eine gar sanfte Führerin; aber ebenso weise und gerecht als sanft: intrandum est in rerum naturam, et penitus quid ea postulet pervidendum. [Man muß die Dinge betrachten, wie sie sind in der Natur, und was diese will und verlangt, fleißig erwägen. Cicero, De fin. bon. V, 16]

MARC AUREL

Selbstbetrachtungen

»Treibe nur weniges«, sagt der Weise, »wenn du guten Mutes sein willst.« – Ist es nicht besser, nur das Notwendige zu tun und was die Bestimmung des von Natur zu bürgerlicher Gemeinschaft bestimmten Wesens fordert und wie sie es fordert? Denn das bringt nicht nur deshalb guten Mut, weil wir Gutes tun, sondern auch deshalb, weil wir nur weniges tun. Denn wenn man das meiste von dem, was man redet und tut, als unnötig unterläßt, wird man mehr Muße und mehr Seelenruhe haben. Daher muß man sich auch in jedem einzelnen Falle selber daran erinnern: »Dies gehört doch nicht zu den notwendigen Dingen?« – Man muß aber nicht nur die unnötigen Handlungen unterdrükken, sondern auch [solche] Gedanken. Denn dann werden auch keine Handlungen folgen, die uns vom Wege ablenken.

Was gibt es da, worauf man überhaupt ernstes Bemühen verwenden sollte? Nur dies eine: Eine gerechte Gesinnung und Taten der Menschenliebe und eine Rede, die niemals lügt, und eine Gemütsverfassung, die alles, was geschieht, als notwendig, als ganz vertraut, als Ausfluß eines solchen Urgrundes, solchen Urquells begrüßt.

Unter den Sätzen aber, die dir unmittelbar zur Hand sein müssen, auf die du dich zurückziehen kannst, sollen die folgenden zwei sein: Erstens, daß die Dinge nicht die Seele berühren, sondern außerhalb dieser regungslos dastehen, daß vielmehr die Beunruhigung ausschließlich aus der Meinung in uns kommt. Und zweitens, daß all das, was du hier siehst, beinah schon in Umwandlung begriffen ist und bald gar nicht mehr sein wird. Denk auch stets daran, wie vieler [Dinge und Menschen] Umwandlungen du selber schon erlebt hast. Der Kosmos ist Veränderung, das menschliche Leben Meinung.

EPIKTET

Die Kunst zu leben

Wie du dich beim Gehen in acht nimmst, nicht auf einen Nagel zu treten oder dir den Fuß zu verstauchen, so hüte dich auch, an deiner Seele Schaden zu nehmen. Wenn wir das bei jeder Handlung gut beachten, dann werden wir um so sicherer ans Werk gehen.

Bedenke, daß nicht der dich entehrt, der dich schmäht oder schlägt, sondern nur deine Meinung davon, daß solches entehre. Wenn dich nun einer reizt, so wisse, daß dich nur deine eigene Vorstellung reizt. Bemühe dich deshalb zu allererst, nicht gleich von einer falschen Vorstellung hingerissen zu werden. Hast du einmal Zeit und Muße gewonnen, dann wirst du leichter dich selbst in der Gewalt haben.

Jedes Ding kann man von zwei Seiten nehmen: von der einen ist es erträglich, von der anderen nicht.
Tut dir dein Bruder Unrecht, so nimm die Sache nicht von der Seite: er tut mir unrecht. So genommen, ist sie unerträglich. Nimm sie vielmehr von der anderen Seite, daß es doch dein Bruder ist, der mit dir aufgezogen wurde. Dann nimmst du die Sache von der Seite, wo sie tragbar ist.

Sieh zu, daß du nie beim Anblick eines hochgeehrten, vielvermögenden oder sonst ausgezeichneten Mannes die-

sen, von deiner Vorstellung hingerissen, glücklich schätzest. Denn wenn die wahren Güter in Dingen bestehen, die in unserer Macht liegen, so sind weder Neid noch Eifersucht angebracht.
Du selbst willst doch kein Feldherr, kein Ratsherr oder römischer Konsul sein, sondern frei! Dahin führt aber nur ein einziger Weg: die Verachtung dessen, was nicht in unserer Macht steht.

Du kannst unbesiegbar sein, wenn du dich in keinen Kampf einläßt, in dem zu siegen nicht in deiner Macht steht.

George Bernard Shaw

Geld und Ethik

Muße ist, obwohl die besitzenden Klassen diesen Namen ihrer eigenen müßiggängerischen Trägheit geben, nicht gleichbedeutend mit Müßiggang. Sie ist nicht einmal ein Luxus: sie ist eine Notwendigkeit, und zwar eine Notwendigkeit ersten Ranges. Ein Teil der wertvollsten Arbeit auf dieser Welt wurde in der Mußezeit geleistet und ist niemals bezahlt worden, weder mit Geld, noch mit Naturalien. Muße kann man beschreiben als freie Tätigkeit, Arbeit als erzwungene Tätigkeit. Die Muße tut, was ihr gefällt: die Arbeit tut, was sie tun muß, wobei der Zwang von der Natur auferlegt wird, denn die Natur läßt innerhalb des Spielraums zwischen Arbeit und Verhungern dem Menschen gar keine Wahl. Das praktische Problem, das jede Regierung zu lösen hat, ist: wieviel Muße kann das Land sich leisten? Der einzelne Staatsbürger fragt, wieviel Arbeit er unbedingt tun muß, damit er in die Lage kommt, während der übrigen Zeit das tun zu können, was ihm Spaß macht.

Man sagt uns, daß die Liebe zum Geld die Wurzel allen Übels sei. Aber das Geld an sich ist eine der nützlichsten Einrichtungen, die je erfunden wurden. Es ist nicht seine Schuld, daß manche so töricht oder geizig sind, es lieber zu haben als ihre eigene Seele.

Altmodische Menschen glauben, daß man eine Seele haben kann ohne Geld. Sie glauben, je weniger Geld man hat, um so mehr Seele hätte man. Junge Menschen von heutzutage wissen das besser. Eine Seele ist eine sehr kostspielige Sache. Sehr viel kostspieliger als ein Auto.

Blaise Pascal

Da die Menschen Tod, Elend und Unwissenheit…

Da die Menschen Tod, Elend und Unwissenheit nicht heilen konnten, sind sie, um sich glücklich zu machen, darauf verfallen, nicht daran zu denken – das ist alles, was sie haben erfinden können, um sich über so viele Leiden zu trösten. Aber es ist ein sehr elender Trost, denn er geht darauf hinaus, nicht das Übel zu heilen, sondern es einfach auf kurze Zeit zu verbergen; und wenn man es verbirgt, denkt man nicht daran, es in Wahrheit zu heilen. So ergibt sich dank einer sonderbaren Umkehrung der menschlichen Natur, daß die Langeweile, sein fühlbarstes Übel, in einer Weise sein größtes Glück ist, weil sie mehr als alles andere dazu beiträgt, ihn seine wahre Heilung suchen zu lassen; und daß die Zerstreuung – wie er glaubt, sein größtes Glück – in der Tat sein größtes Übel ist, weil sie ihn mehr als alles andere davon abhält, Besserung seiner Leiden zu suchen; und das eine wie das andere ist ein bewundernswürdiger Beweis des Elends und der Verderbtheit des Menschen und zugleich seiner Größe.

Der Mensch langweilt sich an allem und sucht diese Menge von Beschäftigungen nur deshalb, weil er eine Vorstellung hat von dem Glück, das er verloren hat; und da er es nicht in sich findet, so sucht er es vergeblich in äußeren Dingen, ohne sich je befriedigen zu können, denn es ist weder in uns noch in der Kreatur, sondern allein in Gott.

Was ist der Mensch?

MARTIN LUTHER KING

Die Zierde der Welt

Ist der Mensch ein selbständiges Wesen oder eine Marionette? Ist er nur eine Nummer oder ein freies, schöpferisches und verantwortungsfähiges Wesen? Die Frage ist so alt wie die Menschheit.

Wer den Menschen nur aus materialistischer Sicht betrachtet, glaubt in ihm ein Tier zu sehen, einen kleine Bestandteil des großen, veränderlichen Organismus der Natur.

Die Verfechter dieses materialistischen Menschenbildes verfallen oft dem düstersten Pessimismus. Sie stimmen mit einem zeitgenössischen Schriftsteller überein, der den Menschen als kosmischen Unfall bezeichnete, als eine unheilbare Krankheit dieses Planeten. Oder sie sagen mit Jonathan Swift: »Der Mensch ist die schädlichste Gattung verderblichen Ungeziefers, das die Natur je über das Antlitz der Erde kriechen ließ.«

Der Humanismus gibt eine andere Antwort auf unsere Frage »Was ist der Mensch?« Der Humanist glaubt weder an Gott noch an irgendeine andere übernatürliche Macht. Er behauptet, der Mensch sei die höchste Entwicklungsstufe des von der Natur hervorgebrachten Lebens. Dem pessimistischen Materialismus stellt der Humanismus einen glühenden Optimismus entgegen und sagt mit Hamlet: »Welch ein Meisterwerk ist der Mensch! Wie edel durch Vernunft! Wie unbegrenzt an Fähigkeiten! In Gestalt und Bewegung wie bedeutend und wunderwürdig! Im Handeln wie ähnlich einem Engel! Im Begreifen wie ähnlich einem Gott! Die Zierde der Welt! Das Vorbild der Lebendigen!«

Andere sehen gern den Menschen weniger realistisch und versuchen deshalb oft, die Wahrheiten dieser beiden gegenseitigen Auffassungen zu vereinen und zugleich ihre Extreme zu meiden. Sie sehen die Wahrheit über den Menschen weder in der These des materialistischen Pessimismus noch in der Antithese des humanistischen Optimismus, sondern in einer höheren Synthese. Der Mensch ist weder Schurke noch Held. Vielmehr ist er beides zugleich. Der Realist sagt mit Carlyle: »Im Menschen sind Tiefen, die bis in die unterste Hölle hinabreichen, und Höhen, die bis in den höchsten Himmel ragen.«

Vor drei Jahrtausenden betrachtete der Psalmist die Unendlichkeit des Sonnensystems. Er sah die glitzernde Schönheit des Mondes und der Sterne, und in seinem Staunen über die Größe dieser kosmischen Ordnung drängte sich ihm die alte, vertraute Frage auf: »Was ist der Mensch?« Und er antwortete: »Du hast ihn nur wenig niedriger gemacht denn Gott, mit Ehre und Schmuck hast du ihn gekrönt.«

WILLIAM SHAKESPEARE

Was ist die Welt?

Die ganze Welt ist eine Bühne,
und alle Menschen sind nichts als Komödianten;
sie treten auf und gehen wieder ab,
und jeder spielt in seiner Zeit viel Rollen,
und seine Akte sind die sieben Alter.
Zuerst der Säugling, der da quäkt und geifert
im Arm der Amme. Dann der weinerliche
Schulknabe, den Ranzen auf dem Rücken, der
frischwaschen und verdrossen wie eine Schnecke
zur Schule kriecht. Dann der Verliebte, seufzend
wie Wind im Schornstein, mit dem Schmachtlied
das seines Mädchens Augenbrauen besingt.
Dann der Soldat, von tollen Flüchen strotzend,
bebartet wie ein Panther, sehr erpicht
auf Ehre, jähzornig und bereit zu Händeln,
und sucht die Seifenblase Ruhm
selbst im Kanonenschlund. Und dann der Richter,
schön rundes Bäuchlein, mit Kapaun gemästet,
ein strenger Blick, normal geschnittner Bart,
voll weiser Sprüche und erprobter Regeln –
so spielt er seine Rolle. Das sechste Alter
schlüpft in den hageren Pantoffelhelden,
Beutel zur Seite, Brille auf der Nase,
die Hosen seiner Jugend wohl geschont
– zu weite Welten für verschrumpfte Schenkel –

und seine tiefe Männerstimme dreht
zurück zu kindlichem Diskant, und quäkt
und schrillt im Ton. Die letzte aller Szenen
die dieses seltsam reiche Stück beschließt,
ist zweite Kindheit, völliges Vergessen,
denn wieder hat der Spieler keine Zähne,
und sieht und schmeckt nichts, und bedeutet nichts.

JOHANN NESTROY

Über das Leben

Der Mensch ist das Wesen, welches die oberste Stufe in der sichtbaren Schöpfung einnimmt, welches sich sogar für das Ebenbild Gottes ausgibt, worüber sich jedoch Gott nicht sehr geschmeichelt fühlen dürfte. Der Mensch ist ein Säugetier, denn er saugt sehr viel Flüssigkeiten in sich, das Männchen Bier und Wein, das Weibchen Kaffee. Der Mensch ist aber auch ein Fisch, denn er tut oft Unglaubliches mit kaltem Blut, und hat auch Schuppen, die ihm zwar plötzlich, aber doch g'wöhnlich zu spät von den Augen fallen. Der Mensch ist ferner auch ein Wurm, denn er krümmt sich häufig im Staube und kommt auf diese Art vorwärts. Der Mensch ist nicht minder ein Amphibium, welches auf dem Lande und im Wasser lebt, denn mancher, der schon recht im Wasser is, zieht noch ganz nobel aufs Land hinaus. Der Mensch ist endlich auch ein Federvieh, denn gar mancher zeigt, wie er a Feder in die Hand nimmt, daß er ein Vieh ist.

Die Dummheit ist eine furchtbare Stärke, sie ist ein Fels, der unerschüttert dasteht, wenn auch ein Meer von Vernunft ihm seine Wogen an die Stirne schleudert. Leichtsinn wurde schon oft von dem sanften Hauch der Liebe, öfter noch von dem rauhen Sturmwind der Erfahrung verscheucht, selbst das Laster ist nicht selten vor dem Licht der bessern Überzeugung geflohen, nur die Dummheit hat sich hinter ein festes Bollwerk von Eigensinn verschanzt, pflanzt beim Angriff noch die spitzen Palisaden der Bosheit drauf und steht so unbesiegbar da.

Seneca

Wahrer Adel

Wiederum erniedrigst du dich und behauptest, in erster Linie sei die Natur, dann das Schicksal zu hart mit dir verfahren. Trotzdem bist du in der Lage, dich über den Lebenszuschnitt des Alltagsmenschen zu erheben und zum höchsten Glück aufzusteigen. Wenn die Philosophie *ein* Gutes an sich hat, dann dies, daß sie nicht auf den Stammbaum sieht. Alle Menschen stammen, wenn man auf die erste Stufe der Abstammung zurückgeht, von den Göttern ab.

Edle Haltung bleibt niemandem verwehrt. In dieser Hinsicht gehören wir alle zum Adel. Die Philosophie weist niemanden ab; sie wählt auch niemanden besonders aus. Sokrates war kein Patrizier. Kleanthes schleppte Wasser und legte Hand an, um den Garten zu gießen. Platon kam zur Philosophie nicht als Adeliger, sondern sie machte ihn zu einem solchen. Wie kannst du nur behaupten, du seist nicht in der Lage, es ihnen gleichzutun? Sie alle sind deine Ahnen, wenn du dich ihrer würdig erweisest. Das wirst du dann tun, wenn du von nun an selber davon überzeugt bist, daß du dich an Adel von niemandem übertreffen läßt.

Wer ist edel? Wem die Natur die rechte Veranlagung zur Tugend verliehen hat. Das ist das einzige, worauf man achten muß. – Nicht das feudale Haus voll rauchgeschwärzter Ahnenbilder verleiht Adel. Niemand hat vor uns zu unserem Ruhm gelebt; auch gehört uns nicht, was vor uns war. Es ist der Geist, der Adel verleiht. Adel, der sich aus jeder Lebenslage über das Schicksal zu erheben vermag. Man darf nicht darauf sehen, woher einer kommt, sondern wohin er geht.

Martin Luther King

Was ist der Mensch?

Die Marxisten zum Beispiel, die der Lehre des dialektischen Materialismus anhängen, halten den Menschen für ein produzierendes Lebewesen, das seine eigenen Bedürfnisse befriedige und dessen Leben hauptsächlich von wirtschaftlichen Kräften bestimmt werde. Andere wieder behaupten, das Leben sei ausschließlich ein materieller Prozeß mit materieller Bedeutung.

Ist der Mensch wirklich mit so hohlen Worten zu erklären? Können wir das literarische Genie eines Shakespeare, das musikalische Genie eines Beethoven, das künstlerische Genie eines Michelangelo materialistisch auslegen? Können wir das geistige Genie eines Jesus von Nazareth materialistisch deuten? Lassen sich Geheimnis und Zauber der menschlichen Seele materialistisch erklären? Nein! Etwas ist im Menschen, das sich nicht mit chemischen und biologischen Begriffen umreißen läßt. Der Mensch ist mehr als eine Zufallslaune wirbelnder Elektronen.

Das bringt uns zu einem zweiten Punkt, der in jede christliche Lehre vom Menschen einbezogen werden muß. Der Mensch ist ein geistiges Wesen. Er steigt auf den Stufen seines Denkens in die Wunderwelt der Gedanken auf. Das Gewissen spricht zu ihm, und er wird an Göttliches erinnert. Das meint der Psalmist, wenn er sagt, der Mensch sei mit Ehre und Schmuck gekrönt.

Der Geist gibt ihm die einzigartige Fähigkeit, auf zwei

Ebenen zugleich zu leben. Er steht in der Natur und doch über der Natur. Er lebt in Raum und Zeit und doch auch darüber. Er kann schöpferische Taten vollbringen, die niederen Lebewesen unmöglich sind. Der Mensch kann ein Gedicht schreiben, eine Symphonie komponieren. Zivilisationen entstehen in seinen Gedanken und werden durch seine Taten verwirklicht. Diese Fähigkeiten lösen den Menschen aus der völligen Bindung an Raum und Zeit. So wunderbar wie die Sterne ist der Geist des Menschen, der sie erforscht.

Hermann Hesse

Der ideale Mensch

Auf dem Wege vom Fisch, Vogel und Affen bis zu dem kriegführenden Tier unserer Zeit, auf dem langen Wege, auf dem wir mit der Zeit Menschen und Götter zu werden hoffen, konnten es nicht die »Normalen« sein, die von Stufe zu Stufe vorwärts gedrängt hatten. Die Normalen waren konservativ, sie blieben gern beim Gesunden, Bewährten. Eine normale Eidechse kam nie auf den Gedanken, es einmal mit dem Fliegen zu versuchen. Ein normalen Affe dachte nie daran, den Baum zu verlassen und aufrecht auf der Erde zu wandeln. Der das zuerst getan, der das zuerst probiert, zuerst davon geträumt hatte, der war unter den Affen ein Phantast und Sonderling, ein Dichter und Neuerer gewesen, und kein Normaler. Die Normalen, so sah ich, waren dazu da, die gefundene Form einer Lebensweise, einer Rasse und Art festzuhalten, zu schützen und zu befestigen, damit Rückhalt und Lebensvorrat da sei.
Also war »normal« eigentlich auch nichts Ideales, es war auch nur der Name für eine Funktion, nämlich für die konservative, arterhaltende. »Begabt« oder »Phantast« aber war der Name für die Funktion des Spielens und Probierens, des Ballspielens mit Problemen. Man konnte dabei kaputt gehen, wahnsinnig werden, dem Selbstmord verfallen. Man konnte aber unter Umständen auch Flügel erfinden, Götter schaffen. Kurz: während der Normale dafür sorgte, daß die Art, wie sie war, erhalten bleibe, war

es Amt des »Geistigen«, dafür zu sorgen, daß der andere, gegenteilige Besitz der Menschheit, nämlich ihr Ideal, ebenfalls erhalten bleibe und nicht eingehe. Zwischen beiden Polen spielte das Leben der Menschheit: Und daher kam es, daß es jene »Wirklichkeit« gab, an die der Dichter nie glauben konnte, jene unsäglich wichtige Welt von Geschäften, Parteien, Wahlen, Geldkursen, Ehrentiteln, Orden, Hausordnungen und so weiter. Und wenn der Dichter sich politisierte, so wandte er sich von seinem menschheitlichen Amt des Vorausträumens und vom Dienst am Ideal ab und pfuschte den Praktikern ins Handwerk, die mit Wahlreformen und dergleichen den Fortschritt zu machen meinen, während sie nur um Jahrhunderte hinter den Gedanken der Geistigen nachhinken und im Kleinen das eine oder andere von deren Ahnungen und Gedanken zu verwirklichen streben. So ist ein Politiker, welcher den ewigen Frieden erstrebt, eine von den tausend Ameisen, die am Wahrwerden eines uralten Traumes arbeiten. Schöpfer des Traums aber war jener Geist, der vor einigen tausend Jahren zum ersten Male die mächtigen Worte träumte: »Du sollst nicht töten!«

CICERO

Erkenne dich selbst

Welche Freude muß das Herz des Weisen letztlich erfüllen, wenn er die Bewegungen und Rotationen des gesamten Kosmos wahrnimmt. Wenn er sieht, wie die Sterne an bestimmten Stellen des Himmels eingeordnet sind und mit seinen Bewegungen übereinstimmen. Wie wiederum von sieben besonderen Sternen (den Planeten) jeder seine eigene Bahn einhält, wobei sie hinsichtlich Höhe und Tiefe weit voneinander getrennt sind. Wie deren ausholende Bewegungen trotzdem ihre gesetzmäßigen, feststehenden Entfernungen beibehalten. Der Anblick dieser Sterne lenkte schon die Aufmerksamkeit der Alten auf sich und regte sie an, weiter zu forschen. Auf Grund dessen begann man dann nach den Anfängen, den Samen gleichsam, zu fragen: woher alles komme, wie alles entstanden sei und sich verdichtet habe; welches der Ursprung jeder Art sei, ganz gleich, ob leblos oder lebendig, stumm oder sprechfähig; wie Leben und Vergehen vor sich gingen; wie sich das eine aus dem anderen entwickle und sich wandle; woher die Erde stamme und mit welcher Art von Schwerkraft sie im Gleichgewicht gehalten werde; aus welchen Tiefen heraus die Meere gespeist würden, so daß sich ihr Wasserstand immer auf gleicher Höhe halte; durch was für eine Art von Anziehungskraft alles Herabstürzende immer dem Mittelpunkt der Erde zu falle, der gleichzeitig das Innerste einer Kugel darstelle. Für den Menschen, der über all dies nachdenkt, bewahrheitet sich die vom Gott in Delphi auferlegte Mahnung zum Forschen, auf daß der Geist sich selber erkenne und seine Verbindung mit dem göttlichen Geist spüre. Das erfüllt ihn mit unendlicher Freude. Denn schon das Nachdenken über Macht und Wesen der Götter entfacht das Verlangen, sich der Ewigkeit des göttlichen Geistes anzuverwandeln. Der (weise) Mensch vertritt nämlich nicht die Auffassung, daß der Geist in dem kurzen Leben hier beheimatet sei. Sieht er doch, wie die Ursprünge der Dinge voneinander abhängig und durch ein unwandelbares zwingendes Gesetz miteinander verbunden sind. Jene Ursprünge entstammen der Ewigkeit und sind deshalb auch hinsichtlich ihrer Zukunft ewig. Trotzdem werden sie von Geist und Vernunft gesteuert. Das betrachtet der Mensch, wenn er die Augen erhebt oder vielmehr wenn er nach allen Himmelsrichtungen und Küsten ringsum Ausschau hält. Mit welcher inneren Ruhe und Gelassenheit muß er da alles Irdische und Überirdische bewerten.

Blaise Pascal

Der Gipfel des Unbegreiflichen

Der Mensch ist für sich selbst der wunderbarste Gegenstand der Natur, denn er kann nicht fassen, was Körper ist, und noch weniger, was Geist ist, und noch weniger als irgend etwas, wie ein Körper mit einem Geist vereint sein kann. Das ist der Gipfel des Unbegreiflichen für ihn, und doch ist's sein eigenes Wesen.

Der Mensch ist so groß, daß seine Größe sich selbst darin zeigt, daß er sein Elend erkennt. Ein Baum erkennt nicht sein Elend. Freilich, es ist wahr, das ist ein Elend, sein Elend zu erkennen, aber es ist auch eine Größe, zu erkennen, daß man elend ist.

Es ist gefährlich, dem Menschen zu viel vor Augen zu stellen, wie sehr er den Tieren gleich ist, ohne ihm seine Größe zu zeigen. Es ist aber auch gefährlich, ihn zu viel seine Größe sehen zu lassen ohne seine Niedrigkeit. Es ist noch gefährlicher, ihn unbekannt zu lassen mit dem einen wie mit dem anderen. Aber es ist sehr vorteilhaft, ihm das eine wie das andere vorzustellen.

Der Mensch ist weder Engel noch Tier, und das Unglück ist, daß, wer Engel sein will, Tier wird.

Alain

Der Egoist

Einer der Hauptirrtümer unserer Religion besteht in der Lehre, der Mensch, wenn ihm nicht die göttliche Gnade zu Hilfe komme, sei immer und ohne Rettung egoistisch. Diese Idee hat alles vergiftet, so daß man selbst bei sonst vorurteilslosen Geistern der merkwürdigen Auffassung begegnet, auch der noch, der sich opfere, suche sein Vergnügen. »Der eine liebt den Krieg; der andere die Gerechtigkeit; ich liebe den Wein.«

Dabei liebt der Mensch im allgemeinen mehr die Anstrengung als das Vergnügen, wie schon die Spiele der Kinder zeigen. Denn ein Ballspiel, das sind doch Püffe, Fußtritte, blaue Flecken und am Ende sogar Verbände. Aber alles das wird eifrig gesucht; an alles das erinnert man sich gern; man braucht nur daran zu denken, schon setzen sich die Beine in Bewegung. Was daran gefällt und die Püffe, den Schmerz und die Müdigkeit vergessen läßt, ist die Selbstlosigkeit.

Jedenfalls lohnt es, darüber nachzudenken. Der Egoist, der jede edlere Regung dem Kalkül von Lust und Unlust unterwerfen möchte, macht sich umsonst über die Sache lustig. »Dummköpfe, die ihr seid, nach Ruhm zu streben, und noch dazu für andere!« Ähnlich Pascal, der einmal gesagt hat: »Vorausgesetzt, daß man darüber spricht, geben wir mit Freuden unser Leben hin.« Er hat sich ja auch über den Jäger lustig gemacht, der sich wer weiß wieviel Mühe gibt, einen Hasen zu erlegen, den er nicht einmal geschenkt möchte. Das theologische Vorurteil muß schon sehr stark sein, wenn es derart blind macht dafür, daß der Mensch mehr die Anstrengung liebt als das Vergnügen, und zwar die geregelte und disziplinierte Anstrengung mehr als die andere, die Anstrengung zugunsten der Gerechtigkeit aber vor allem. Kein Zweifel, daß daraus Vergnügen folgt; der Irrtum besteht nur in dem Glauben, daß die Anstrengung des Vergnügens willen unternommen werde; die Anstrengung und das Vergnügen gehen nämlich Hand in Hand. Die Vergnügen der Liebe lassen die Liebe zum Vergnügen vergessen.

ALFRED DÖBLIN

Man soll nicht zuviel von Menschen verlangen

Man lebt so hin in der Harmlosigkeit und Getriebenheit des Daseins. Trotz aller Schwierigkeiten und Erschwerungen fühlen sich die Wesen immer wieder wohl in ihrer Haut. Sie »passen« sich an. In den unmöglichsten Situationen, unter den schwierigsten Verhältnissen gibt es Behagen. In dieser Lust des Daseins ist weder Verbrechen noch Sünde. Es ist eine natürliche Wahrheit, die jedes Blatt, jedes freie Tier empfindet.

Man soll nicht zuviel von Menschen verlangen. Sie wollen essen, trinken, schlafen, wollen ihre Liebesfreuden haben, wollen Wärme oder Kühle, je nachdem. In Rudeln sitzen sie zusammen, reden über dies und das, und wenn sie genug geredet haben, essen sie wieder, trinken und gehen nach Hause. Wenn ihr Leben so verläuft und sie Kinder in die Welt gesetzt haben, sind sie zufrieden und altern und sind schließlich eines Tages tot. Andere beerdigen sie, und die machen dann alles ebenso. Manche sind kriegerisch, auch manche Rudel. Die haben eine Sprung- und Wanderbestie in sich, da verläuft das Leben stürmischer. Sonst ist alles dasselbe. Manche Menschen und Rudel sind wie Tiger, manche wie Parasiten, manche wie Hamster. Das sind Spielarten.

Man soll nicht zuviel von den Menschen verlangen. Wie sollen sie auf den Gedanken kommen, »Geschichte« zu

machen oder sich zu entfalten oder sich darzustellen? Solche gebildeten Sorgen haben sie nicht, das kommt in der freien Natur nicht vor.
Das Alltägliche, essen, trinken, Kinder in die Welt setzen, arbeiten, klagen über das Schicksal und immer fragen und nicht wissen: dieses bißchen, das sind wir, und das ist etwas, dieses bißchen hinschleichendes oder hinfließendes, gelegentlich hinjagendes Nichts, unterbrochen von Wildheitsausbrüchen der rätselhaften Natur in uns oder um uns. Dieses bißchen Nichts ist unser Dasein.

Sterben – Unsterblichkeit

Hermann Hesse

Wir haben Angst vor dem Tode . . .

Wir haben Angst vor dem Tode. Aber der Tod als Nichtmehrsein und das Sterben, das im Tode aufhört, erzeugen zwei ganz verschiedene Ängste.
Die Angst vor dem Sterben ist die vor der körperlichen Qual. Dieser Zustand ist selber durchaus nicht der Tod. Er kann mit allen Qualen stattfinden und doch das Leben sich wiederherstellen. »Ich bin schon mehrere Male gestorben«, kann ein Kranker sagen. Auch was wir dabei erfahren, das ist nie der Tod selber. Was erlitten wird, erleidet immer nur der Lebende. Der Tod selber entzieht sich der Erfahrung . . .
Ganz anders aber als die Angst vor dem Sterben ist die vor dem Tode, wenn dieser aufgefaßt wird als ein Zustand, der nach dem Erlöschen des eigenen Lebens folgt. Von der Angst vor diesem Tode kann keine ärztliche Therapie befreien, sondern nur das Philosophieren.
Vorstellungen vom Zustande des Totseins sind vergeblich. Nicht die geringste Erfahrung, kein Anzeichen kommt von dort. Niemand ist wiedergekehrt. Daher die Vorstellung: der Tod ist Nichtsein, ist Nichts.
Die Angst vor dem Tode ist Angst vor dem Nichts. Aber untilgbar scheint trotzdem die Vorstellung: Der Zustand nach dem Tode ist ein anderes Sein. Das Nichts nach dem Ende ist nicht wirklich Nichts. Ein künftiges Dasein erwartet mich. Die Angst vor dem Tode ist die Angst vor dem, was nach ihm kommt.

Beide Ängste – vor dem Nichts und vor dem Zustand des Totseins – sind grundlos. Das Nichts ist nur gegenüber zeitlich-räumlicher Realität Nichts. Und: ein anderes reales Dasein, vor dem wir Angst haben müßten, gibt es nicht. Aber ist damit auch das Bewußtsein der Unsterblichkeit hinfällig?

Viele Menschen verwandeln den Unsterblichkeitsglauben derart, daß die persönliche Unsterblichkeit gleichgültig wird. »Ich sterbe, aber meine Kinder leben«, so heißt es jetzt. »Ich sterbe, aber mein Volk lebt.« »Ich sterbe, aber eine herrliche Zukunft der Menschheit in Gerechtigkeit und Freiheit auf Erden wird leben.« »Ich sterbe, aber mein Werk lebt.« Der Verzicht auf die eigene Unsterblichkeit wird zur Gewißheit der Unsterblichkeit in anderer Gestalt. Doch dieses andere ist nur vermeintlich unsterblich: für die Kinder, für das Volk, für jeden Zustand der Menschheit, für jedes Werk kehrt dieselbe Frage wieder. Der Unsterblichkeitsgedanke ist hier in die vorläufige Endlosigkeit eines immer wieder anderen Sterblichen geraten, die schließlich selber ihr Ende hat.

KARL JASPERS

Über die Unsterblichkeit

Kein Mensch weiß, was nach dem Tode aus ihm wird. Von jeher glaubten die meisten und glauben es heute, daß sie weiterleben. Der gläubige Christ vertraut den Versprechen der Bibel. Dem Inder ist es selbstverständlich, daß jede Seele in zahllosen früheren Daseinsformen schon lebte und in Zukunft in neuen Gestalten da sein wird; er glaubt an die Seelenwanderung. Die Naturvölker kennen das Erscheinen ihrer Toten als Geister. Die Griechen hatten ein Fest aller Seelen, an dem sie die Toten bewirteten, und das mit der Aufforderung an die Seelen schloß, nun in die Unterwelt zurückzukehren. Wir würden an kein Ende kommen, wenn wir sammeln wollten, in wie mannigfacher Weise der Glaube an ein Weiterleben nach dem Tode in aller Welt auftritt.

Schon die geschichtliche Tatsache, daß die besten und weisesten Menschen durch Jahrtausende an Unsterblichkeit geglaubt haben, erweckt eine Scheu. Aber ihr Glaube und der Glaube unserer Vorfahren zwingt uns nicht, daß wir selber glauben. Denn es ist keine zureichende Begründung der Wahrheit, daß die Alten sie uns gesagt haben. Man möchte wissen. Jedoch alle philosophischen Beweise für die Unsterblichkeit, wie sie seit Plato durch die Geschichte gehen, erweisen sich als nicht stichhaltig. Unsterblichkeit ist weder zu widerlegen noch zu beweisen.

Es ist merkwürdig, einmal überkommt den einen das

Glück, den anderen der Schrecken: es könnte doch möglich sein, daß wir unsterblich sind. Die Unsterblichkeit bringt im Jenseits Lohn oder Strafe. Nach indischem Glauben werde ich je nach meinen Taten wiedergeboren in höheren oder in niederen Daseinsformen. Nach biblischem Glauben habe ich vor mir die Hölle oder das Paradies. Aus dem Hintergrund unseres Bewußtseins entspringt bei bevorstehendem Tode nicht selten die Angst vor dem, was nach dem Tode kommt. »Ist das Nichts auch wirklich nichts?« hörte ich ein Mädchen fast beschwörend den Forscher fragen, der es doch wissen müsse. Der Gedanke an die Träume, die in dem »Schlaf des Todes« kommen mögen, zwingt nach Hamlets Worten den Menschen, der sich töten möchte, ins Leben zurück. Aber es gibt viele Menschen, die in Gelassenheit sterben, ohne ein Wissen von dem, was kommen mag, ohne Glauben an Unsterblichkeit und ohne dessen Verneinung.

Wenn wir mit der zwingenden Gewißheit des Wissens, das wir von Dingen in der Welt haben können, sagen wollen, ob es Unsterblichkeit gebe oder nicht, bleibt die Antwort aus. Der einfache Kopf und der geschulteste Gelehrte, die angstvolle Furcht, die glückliche Erwartung und die Gelassenheit, sie alle sind sich gleich im faktischen Nichtwissen.

Georg Christoph Lichtenberg

Aus den Sudelbüchern

Vor einigen Tagen las ich wieder, daß ein Prediger im Lüttichischen, wo ich nicht irre, der 125 Jahre alt gestorben ist, von dem Bischofe sei gefragt worden, wie er es angefangen habe so alt zu werden. Ich habe mich, sagte er, des Weins, der Weiber und des Zorns enthalten. Hier ist, wie mich dünkt, nur die große Frage: wurde der Mann so alt, weil er sich jener Gifte enthielt, oder weil [er] ein Temperament besaß, das es ihm möglich machte sich jener Gifte zu enthalten? Ich glaube es ist unmöglich nicht für das letzte zu stimmen. Daß sich mit jenen Giften jemand das Leben verkürzen kann, und zwar sehr stark, ist kein Beweis, daß man sich das Leben dadurch verlängert, daß man sich ihrem Gebrauch entzieht. Wer das Temperament nicht hat, würde, wenn er sich des andern Geschlechts enthielte, gewiß sein Leben damit *nicht* verlängern. Ebenso ist es mit der Sage, daß die wahren Christen immer rechtschaffene Leute sind. Es hat lange rechtschaffene Menschen gegeben, ehe Christen waren, und gibt Gottlob! auch da noch welche, wo keine Christen sind. Es wäre also gar wohl möglich, daß die Leute gute Christen sind, weil das wahre Christentum das heischt, was sie auch ohne dasselbe würden geworden sein. Sokrates wäre gewiß ein sehr guter Christ geworden.

Wenn man jung ist, so weiß man kaum daß man lebt. Das

Gefühl von Gesundheit erwirbt man sich nur durch Krankheit. Daß uns die Erde anzieht merken wir wenn wir in die Höhe springen, durch Stoß beim Fallen. Wenn sich das Alter einstellt, so wird der Zustand der Krankheit eine Art von Gesundheit und man merkt nicht mehr, daß man krank ist. Bliebe die Erinnerung des Vergangenen nicht, so würde man die Änderung wenig merken. Ich glaube daher auch daß die Tiere auch nur in unsern Augen alt werden. Ein Eichhörnchen, das an seinem Sterbetage ein Auster-Leben führt, ist nicht unglücklicher als die Auster. Aber der Mensch der an drei Stellen lebt, im Vergangnen, im Gegenwärtigen und [in] der Zukunft, kann unglücklich sein, wenn eine von diesen dreien nichts taugt. Die Religion hat sogar noch eine vierte hinzugefügt, die – Ewigkeit.

FRIEDRICH MAXIMILIAN KLINGER

Das größte Wunder bist du selbst

Die meisten Menschen sterben, ohne nur ein Wort davon zu wissen, daß sie durch ein unbegreifliches Wunder gezeugt worden sind, durch ein ebenso großes Wunder gelebt haben und von nichts als den erstaunungsvollsten Wundern der Natur umgeben waren. Sie ahnen gar nicht, daß sie ihre Tage auf einem Schauplatz voller Zauberschlösser zugebracht haben, deren herrliche Erscheinungen und Wunder keine Einbildungskraft erreicht, kein Verstand durchdringt, kein Gedächtnis faßt und keine menschliche Zunge nennt. Wer die Natur durch ihre großen Historiker und die Beobachtung selbst nicht kennt, der geht aus dem Grabe im Mutterleib in das Grab der Erde hinüber, ohne daß sich der Schleier vor seinen Sinnen verdünnt hat, und ich weiß nicht, wie er die Wunder jener Welt ansieht und erkennt, da er in dieser ein Fremdling geblieben ist und sozusagen ohne Maßstab ankommt.

JEAN JACQUES ROUSSEAU

Die Verheißung der Unsterblichkeit

Je mehr ich in mich selbst einkehre, um so mehr lese ich die Worte, die in meine Seele geschrieben sind: Sei gerecht, und du wirst glücklich sein. Freilich ist es damit nichts, wenn wir den gegenwärtigen Zustand der Dinge betrachten: der Böse gedeiht und der Gerechte wird unterdrückt. Da erhebt sich das Gewissen und murrt gegen seinen Schöpfer: Du hast mich getäuscht.
Hört man das Murren der Ungeduldigen, so sollte man glauben, Gott sei ihnen den Lohn vor dem Verdienst schuldig und müsse sie für ihre Tugend im voraus bezahlen. Nicht in den Schranken selbst, sagt Plutarch, werden die Sieger bei den heiligen Spielen gekrönt, sondern nachdem sie die Bahn durchlaufen haben. Wenn die Seele nichts Materielles ist, so kann sie den Körper überleben, und wenn sie ihn überlebt, so ist die Vorsehung gerechtfertigt. Wenn ich auch keinen andern Beweis der Unsterblichkeit meiner Seele hätte als den Triumph des Bösen und die Unterdrückung des Gerechten in dieser Welt, so würde mich dieser allein abhalten, daran zu zweifeln. Ich würde freilich in Verlegenheit kommen bei der Frage: wo ist der Mensch, wenn alles Sinnliche an ihm aufgelöst erscheint? Doch ist diese Frage nicht mehr so schwerwiegend für mich, sobald ich einmal zwei Substanzen anerkannt habe. Ist die Seele ihrer Natur nach unsterblich? Ich weiß es nicht. Da aber dieser Glaube etwas Tröstendes für mich hat

und nicht widervernünftig ist, warum sollte ich mich ihm nicht hingeben?
Ich behaupte nicht, daß die Guten Lohn empfangen werden. Denn welch ein anderes Gut kann ein vorzügliches Wesen erwarten, als seiner Natur nach da zu sein? Ich sage aber, sie werden glücklich sein, weil ihr Schöpfer als der Urquell aller Gerechtigkeit sie mit Gefühl begabt und sie doch nicht geschaffen hat, um zu leiden. Ich frage mich auch nicht, ob die Qualen der Bösen ewig dauern werden. Was geht mich das Schicksal der Bösen an! Wenn die höchste Gerechtigkeit rächend straft, so tut sie es schon in diesem Leben. Ihr selbst und eure Irrtümer sind ihre Diener. Wozu die Hölle in einem anderen Leben suchen? Sie ist schon hienieden in dem Herzen der Bösen.

LUDWIG WITTGENSTEIN

An einen Gott glauben heißt...

An einen Gott glauben heißt, die Frage nach dem Sinn des Lebens verstehen.
An einen Gott glauben heißt sehen, daß es mit den Tatsachen der Welt noch nicht abgetan ist.
An Gott glauben heißt sehen, daß das Leben einen Sinn hat.
Die Welt ist mit *gegeben*, d.h. mein Wille tritt an die Welt ganz von außen als an etwas Fertiges heran.
(Was mein Wille ist, das weiß ich noch nicht.)
Daher haben wir das Gefühl, daß wir von einem fremden Willen abhängig sind.
Wie dem auch sei, jedenfalls *sind* wir in einem gewissen Sinne abhängig und das, wovon wir abhängig sind, können wir Gott nennen.
Gott wäre in diesem Sinne einfach das Schicksal oder, was dasselbe ist: die – von unserem Willen unabhängige – Welt.
Vom Schicksal kann ich mich unabhängig machen.
Es gibt zwei Gottheiten: die Welt und mein unabhängiges Ich.
Ich bin entweder glücklich oder unglücklich, das ist alles.
Man kann sagen: gut oder böse gibt es nicht.
Wer glücklich ist, der darf keine Furcht haben. Auch nicht vor dem Tode.
Nur wer nicht in der Zeit, sondern in der Gegenwart lebt, ist glücklich.
Für das Leben in der Gegenwart gibt es keinen Tod.

Der Tod ist kein Ereignis des Lebens. Er ist keine Tatsache der Welt.

Wenn man unter Ewigkeit nicht unendliche Zeitdauer, sondern Unzeitlichkeit versteht, dann kann man sagen, daß der ewig lebt, der in der Gegenwart lebt.

Um glücklich zu leben, muß ich in Übereinstimmung sein mit der Welt. Und dies *heißt* ja »glücklich sein«.

Ich bin dann sozusagen in Übereinstimmung mit jenem fremden Willen, von dem ich abhängig erscheine. Das heißt: »ich tue den Willen Gottes«.

Die Furcht vor dem Tode ist das beste Zeichen eines falschen, d. h. schlechten Lebens.

Wenn mein Gewissen mich aus dem Gleichgewicht bringt, so bin ich nicht in Übereinstimmung mit Etwas. Aber was ist dies? Ist es *die Welt*?

Gewiß ist es richtig zu sagen: Das Gewissen ist die Stimme Gottes.

Zum Beispiel: es macht mich unglücklich zu denken, daß ich den und den beleidigt habe. Ist das mein Gewissen?

Kann man sagen: »Handle nach deinem Gewissen, es sei beschaffen wie es mag«?

Lebe glücklich!

MICHEL DE MONTAIGNE

Ich habe mein Wörterbuch …

Ich habe mein Wörterbuch für mich allein. Ich vertreibe meine Zeit, wenn sie bös und lästig ist. Ist sie gut, so mag ich sie nicht vertreiben, sondern handhaben und an mich halten. Mit der bösen Zeit muß man fortlaufen, mit der guten sich hinsetzen. Die gewöhnlichen Redensarten: die Zeit vertreiben und seine Zeit hinbringen, schildern das Verfahren jener gescheiten Leute, welche ihr Leben nicht besser loszuwerden wissen, als daß sie es hingleiten und fortlaufen, daß sie solches vorüberstreichen lassen, der Zeit ausweichen, und soviel bei ihnen steht, nichts mit ihr zu schaffen haben mögen, weil sie solche für eine lästige, beschwerliche Sache halten. Ich kenne das Leben von einer andern Seite und halte es für eine Sache von großem Wert und Gemächlichkeit, besonders in seinem letzten Abflusse, wie bei mir der Fall ist. Die Natur hat es uns, mit so günstigen Umständen versehen, in die Hand gegeben, daß wir uns nur über uns selbst zu beklagen haben, wenn es uns drückt und unnützerweise entflieht. Gleichwohl mache ich mich darauf gefaßt, es ohne Murren zu verlieren, aber nur weil ich es notwendigerweise verlieren muß, nicht weil es beschwerlich und lästig ist. Daher ziemt es auch nur denjenigen, nicht ungern zu sterben, welche gern leben. Man kann haushälterisch leben. Ich lebe zwiefach in Vergleich mit andern. Denn das Maß des Genusses hängt von der größern oder geringern Aufmerksamkeit ab, die man darauf verwendet. Vornehmlich aber jetzt, da ich gewahr werde, daß meine Lebenszeit immer abnimmt, will ich solche an Gewicht ausdehnen. Ich will die Schnelligkeit ihrer Flucht durch die Schnelligkeit meiner Ergreifung aufhalten und die Eile ihres Vorübergangs durch den Nachdruck ihres Gebrauchs ersetzen. Wie die Besitzzeit des Lebens kürzer wird, muß ich solche einträglicher und ergiebiger machen. Also stelle ich mir diejenigen unter tausenderlei Gestalten vor, welche entweder das Schicksal oder auch ihr eigener Irrtum bestürmt; welche das Gute, was ihnen begegnet, so nachlässig und mit so weniger Aufmerksamkeit empfangen. Das sind eigentlich die Leute, welche die Zeit vertreiben. Sie schreiben über die Gegenwart und das, was sie besitzen, hinweg, um der Hoffnung zu dienen und Schatten und Nebelbildern, welche ihre Phantasie ihnen vorführt, welche dann in eben der Eile fliehen, als man ihnen nachjagt. Der Nutzen und Zweck ihres Jagens ist Jagen; wie Alexander sagt: der Zweck seines Mühens sei Mühe.

Die Zukunft der Menschheit

Bertrand Russell

Die Zukunft des Menschen

In Augenblicken des Grauens habe ich bisweilen gezweifelt, ob es überhaupt zu wünschen ist, daß eine Kreatur wie der Mensch weiterlebt. Es gehört nicht sonderlich viel dazu, den Menschen nur als ein finsteres, grausames Geschöpf, als eine Verkörperung teuflischer Macht zu betrachten und ihn als einen Makel auf dem reinen Antlitz des Alls zu empfinden. Aber das ist nicht die ganze Wahrheit und nicht der Weisheit letzter Schluß.

Der Mensch, sagten die Orphiker, ist auch ein Sohn des Sternenhimmels. Wenn auch sein Leib, an den großen Himmelskörpern gemessen, winzig und ohnmächtig ist, so vermag doch der Mensch diese astronomische Welt widerzuspiegeln und in der Phantasie und der wissenschaftlichen Erkenntnis unermeßliche Weiten von Raum und Zeit zu durchwandern. Was er bereits von der Welt weiß, in der er lebt, wäre seinen Ahnen vor tausend Jahren unglaubwürdig erschienen, und bei dem Tempo, in dem er neues Wissen erwirbt, besteht aller Grund zu der Annahme, daß, wenn er seinen gegenwärtigen Kurs weitersteuert, sein Wissen nach abermals tausend Jahren *unsere* Vorstellungen genauso übertreffen wird.

Auch Schönheit haben die Menschen geschaffen; sie hatten wunderbare Visionen, wie das erste Aufschimmern eines Märchenlandes; sie waren der Liebe fähig und des Mitleids für das ganze Menschengeschlecht und gewaltiger Hoffnungen für die gesamte Menschheit. Freilich waren das Dinge, die nur sehr ungewöhnlichen Menschen gelungen sind und ihnen oftmals die Feindschaft der Menge eingetragen haben. Aber warum sollten nicht solche Menschen, heute noch eine Ausnahme, dereinst die Regel werden?

Zu soviel Schlechtem ist das Wissen mißbraucht worden, daß wir uns kaum vorstellen können, welche guten Zwecke sich verwirklichen ließen, wenn sich die Menge zu dem gleichen hohen Niveau erhöbe, das bisher nur geniale Menschen zu erreichen vermögen. Wenn ich zu hoffen wage, daß die Welt ihre heutigen Nöte übersteht und eines Tages lernt, ihr Schicksal nicht grausamen Scharlatanen, sondern Menschen voll Mut und Weisheit anzuvertrauen, dann ersteht vor mir eine leuchtende Vision: eine Welt, worin niemand hungert und nur wenige krank sind, worin die Arbeit befriedigend und maßvoll ist, worin die Güte regiert und geniale Geister furchtlos und frei Herz, Auge und Ohr mit ihren Schöpfungen erquicken. Man sage nicht, das sei unmöglich. Es ist nicht unmöglich. Ich sage nicht, daß es schon morgen sein kann, doch vielleicht in tausend Jahren, wenn die Menschheit sich aufrafft, die Art des Glücks zu erstreben, die den Menschen auszeichnen sollte. Ich sage: das Glück, das den Menschen auszeichnet; denn das Glück der Schweine, das zu erstreben Epikur von seinen Gegnern vorgehalten wurde, ist dem Menschen versagt. Wer sich mit dem Glück von Schweinen zufriedengeben will, wird elend werden, weil er seine inneren Kräfte erstickt. Wahres menschliches Glück werden nur diejenigen finden, die ihre göttlichen Fähigkeiten bis zum letzten entwickeln.

Die Zukunft des Menschen steht auf dem Spiel; sie ist

gesichert, sobald nur genügend Menschen sich dieser Einsicht nicht verschließen. Mut, Hoffnung und Liebe werden sie brauchen, die der Welt den Weg zur Rettung aus ihrer Not weisen sollen. Ob sie es können, das weiß ich nicht; mit einer Gewißheit aber, die stärker ist als alle Vernunft, glaube ich, daß sie es wollen.

PETER BAMM

Ein Wegelagerer

Ich gehe, wie es dem Menschen seit seiner Erschaffung bestimmt ist, zu Fuß. Ich bin dabei durch die Geschichte leidlich hindurchgekommen, so schwierig die Geschichte war. Ich vermute, daß auch der Weg in die Zukunft ein Fußweg sein wird.

Wenn mein Urgroßvater das Paradies auf einem Motorrad verlassen hätte, mit Eva im Beiwagen, es wäre eine höchst lächerliche Angelegenheit gewesen. Auch den Propheten Mohammed kann man sich nicht in einem Jeep vorstellen, so praktisch für die Wüste dieses Fahrzeug auch immer sein mag. Der Mensch von heute hat das Gefühl dafür verloren, daß Geschwindigkeit an und für sich etwas Lächerliches ist. Schon ein Mensch, der rennt, ist ohne Würde. Würde ist langsam. Vornehm ist nicht, mit dem 100-PS-Kompressor zu fahren. Vornehm ist, Zeit zu haben. Nicht einmal mehr am Beginn der Ewigkeit wird dem Menschen Zeit gelassen. Mit fünfzig Stundenkilometern sausen die Toten durch unsere Straßen. Die schwarzen Rösser vom alten Wagen der Würde stehen im Stall der Vergangenheit. Charon hat einen Außenbordmotor bekommen. Die Toten haben nicht mehr Zeit, Lethe zu trinken. Kein Wunder, daß sie im Hades keine Ruhe finden.

Diese unsere Unruhe hat die Welt in beklagenswerter Weise verändert. Wenn ich denke, wie behaglich es doch früher auf den Straßen war, als man nur hie und da einmal von einem Räuber überfallen wurde! Wie haben die Räuber gelacht, wenn sie entdeckten, daß ich, der Überfallene, ärmer war als sie. Wenn man arm war, dann war man auf den Straßen so sicher wie der von seiner Leibwache beschützte König. Heutzutage darf einen jeder töten, der schnell genug die Kurve schneidet, auch wenn man keinen blutigen Maravedi in der Tasche hat.

IMMANUEL KANT

Der Fortschritt in der Geschichte

Da die Menschen in ihren Bestrebungen nicht bloß instinktmäßig, wie Tiere, und doch auch nicht, wie vernünftige Weltbürger, nach einem verabredeten Plane im ganzen verfahren: so scheint auch keine planmäßige Geschichte (wie etwa von den Bienen oder den Bibern) von ihnen möglich zu sein. Man kann sich eines gewissen Unwillens nicht erwehren, wenn man ihr Tun und Lassen auf der großen Weltbühne aufgestellt sieht und, bei hin und wieder anscheinender Weisheit im einzelnen, doch endlich alles im großen aus Torheit, kindischer Eitelkeit, oft auch aus kindischer Bosheit und Zerstörungssucht zusammengewebt findet: wobei man am Ende nicht weiß, was man sich von unserer auf ihre Vorzüge so eingebildeten Gattung für einen Begriff machen soll. Es ist hier keine Auskunft für den Philosophen, als daß, da er bei Menschen und ihrem Spiele im großen gar keine vernünftige eigene Absicht voraussetzen kann, er versuche, ob er nicht eine Naturabsicht in diesem widersinnigen Gange menschlicher Dinge entdecken könne; aus welcher, von Geschöpfen, die ohne eigenen Plan verfahren, dennoch eine Geschichte nach einem bestimmten Plane der Natur möglich sei.

FRIEDRICH NIETZSCHE

Unsere endgültige Vergänglichkeit

Ehemals suchte man zum Gefühl der Herrlichkeit des Menschen zu kommen, indem man auf seine göttliche *Abkunft* hinzeigte: dies ist jetzt ein verbotener Weg geworden, denn an seiner Tür steht der Affe, nebst anderem greulichen Getier, und fletscht verständisvoll die Zähne, wie um zu sagen: nicht weiter in dieser Richtung! So versucht man es jetzt in der entgegengesetzten Richtung: der Weg, *wohin* die Menschheit geht, soll zum Beweise ihrer Herrlichkeit und Gottverwandtschaft dienen. Ach, auch damit ist es nichts! Am Ende dieses Weges steht die Graburne des *letzten* Menschen und Totengräbers (mit der Aufschrift *»nihil humani a me alienum puto«*). Wie hoch die Menschheit sich entwickelt haben möge – und vielleicht wird sie am Ende gar tiefer als am Anfang stehen! – es gibt für sie keinen Übergang in eine höhere Ordnung, so wenig die Ameise und der Ohrwurm am Ende ihrer »Erdenbahn« zur Gottverwandtschaft und Ewigkeit emporsteigen. Das Werden schleppt das Gewesensein hinter sich her: warum sollte es von diesem ewigen Schauspiele eine Ausnahme für irgendein Sternchen und wiederum für ein Gattungchen auf ihm geben! Fort mit solchen Sentimentalitäten!

Arthur Schopenhauer

Das wahre Wesen der Dinge

Durchgängig und überall ist das echte Symbol der Natur der Kreis, weil er das Schema der Wiederkehr ist: diese ist in der Tat die allgemeinste Form in der Natur, welche sie in allem durchführt, vom Laufe der Gestirne an bis zum Tod und der Entstehung organischer Wesen, und wodurch allein in dem rastlosen Strom der Zeit und ihres Inhalts doch ein bestehendes Dasein, d. i. eine Natur, möglich wird.

Wenn man im Herbst die kleine Welt der Insekten betrachtet und nun sieht, wie das eine sich sein Bett bereitet, um zu schlafen, den langen, erstarrenden Winterschlaf; das andere sich einspinnt, um als Puppe zu überwintern und einst, im Frühling, verjüngt und vervollkommnet zu erwachen; endlich die meisten, als welche ihre Ruhe in den Armen des Todes zu halten gedenken, bloß ihrem Ei sorgfältig die geeignete Lagerstätte anpassen, um einst aus diesem erneut hervorzugehen; – so ist dies die große Unsterblichkeitslehre der Natur, welche uns beibringen möchte, daß zwischen Schlaf und Tod kein radikaler Unterschied ist, sondern der eine so wenig wie der andere das Dasein gefährdet. Die Sorgfalt, mit der das Insekt eine Zelle, oder Grube, oder Nest bereitet, sein Ei hineinlegt, nebst Futter für die im kommenden Frühling daraus hervorgehende Larve, und dann ruhig stirbt, – gleich ganz der Sorgfalt, mit der ein Mensch am Abend sein Kleid und sein

Frühstück für den kommenden Morgen bereit legt und dann ruhig schlafen geht, und könnte im Grund gar nicht Statt haben, wenn nicht, an sich und seinem wahren Wesen nach, das im Herbst sterbende Insekt mit dem im Frühling auskriechenden ebensowohl identisch wäre, wie der sich schlafen legende Menschen mit dem aufstehenden.

Wenn wir nun, nach diesen Betrachtungen, zu uns selbst und unserm Geschlechte zurückkehren und dann den Blick vorwärts, weit hinaus in die Zukunft werfen, die künftigen Generationen, mit den Millionen ihrer Individuen, in der fremden Gestalt ihrer Sitten und Trachten uns zu vergegenwärtigen suchen, dann aber mit der Frage dazwischenfahren: Woher werden diese alle kommen? Wo sind sie jetzt? – Wo ist der reiche Schoß des weltenschwangeren Nichts, der sie noch birgt, die kommenden Geschlechter? – Wäre darauf nicht die lächelnde und wahre Antwort: Wo anders sollen sie sein, als dort, wo allein das Reale stets war und sein wird, in der Gegenwart und ihrem Inhalt, also bei dir, dem betörten Frager, der, in diesem Verkennen seines eigenen Wesens, dem Blatt am Baum gleicht, welches im Herbst welkend und im Begriff abzufallen, jammert über seinen Untergang und sich nicht trösten lassen will, durch den Hinblick auf das frische Grün, welches im Frühling den Baum bekleiden wird, sondern klagend spricht: »Das bin ja Ich nicht! Das sind ganz andere Blätter!« – O törichtes Blatt! Wohin willst du? Und woher sollen andere kommen? Wo ist das Nichts, dessen Schlund du fürchtest? – Erkenne doch dein eigenes Wesen, gerade das, was vom Durst nach Dasein so erfüllt ist, erkenne es wieder in der innern, geheimen, treibenden Kraft des Baumes, welche, stets eine und dieselbe in allen Generationen von Blättern, unberührt bleibt vom Entstehn und Vergehn.

Ob die Fliege, die jetzt um mich summt, am Abend einschläft und morgen wieder summt; oder ob sie am Abend stirbt, und im Frühjahr, aus ihrem Ei entstanden, eine andere Fliege summt; das ist an sich dieselbe Sache: daher aber ist die Erkenntnis, die solches als zwei grundverschiedene Dinge darstellt, keine unbedingte, sondern eine relative, eine Erkenntnis der Erscheinung, nicht des Dinges an sich. Die Fliege ist am Morgen wieder da; sie ist auch im Frühjahr wieder da. Was unterscheidet für sie den Winter von der Nacht?

Mensch und Natur

CHRISTIAN MORGENSTERN

Aphorismen über Natur

Es ist mit Landschaften wie mit Menschen, man lernt sie nie aus. Jeder und jede vermögen unter Umständen alle Phasen von der ärmlichsten Häßlichkeit bis zur lebensvollsten Schönheit zu durchlaufen.

So schimmert ein Birkenwäldchen durch Kiefern, wie deine ferne Jugend in und durch meine Gedanken.

Die Natur ist die große Ruhe gegenüber unserer Beweglichkeit. Darum wird sie der Mensch immer mehr lieben, je feiner und beweglicher er werden wird. Sie gibt ihm die großen Züge, die weiten Perspektiven und zugleich das Bild einer bei aller unermüdlichen Entwicklung erhabenen Gelassenheit.

Worauf beruht z. B. der Zauber des Waldes, die tiefe Beruhigung, die er dem Menschen gibt? Darauf wohl zumeist, daß uns in ihm eine unübersehbare Anzahl pflanzlicher Individuen einer bestimmten Art entgegentritt, die Lebensfrieden und Lebensmacht zugleich mit äußerster Zweckmäßigkeit vereinen. Der Stamm einer Bergfichte ist das Urbild ruhiger, in sich gefestigter Kraft; ein gewaltiger Lebenswille, den sobald nichts zu stören oder gar zu brechen vermag, offenbart sich in ihm. Ihre Äste, Zweige und Nadeln aber strahlen mit solch äußerster Zweckmäßigkeit rings von ihm aus, stellen im Verein mit dem Stamm und den Wurzeln einen so weise der Außen- und Umwelt eingepaßten Körper dar, daß man begreift: hier liegt *die Lösung eines Problems* vor, an der vielleicht unermeßliche Zeiten gearbeitet haben.

Warum erfüllen uns Gräser, eine Wiese, eine Tanne, mit so reiner Lust? Weil wir da Lebendiges vor uns sehen, das nur von außen her zerstört werden kann, nicht durch sich selbst. Der Baum wird nie an gebrochenem Herzen sterben und das Gras nie seinen Verstand verlieren. Von außen droht ihnen jede mögliche Gefahr, von innen her aber sind sie gefeit. Sie fallen sich nicht selbst in den Rücken, wie der Mensch mit seinem Geist und ersparen uns damit das wiederholte Schauspiel unseres eigenen zweideutigen Lebens.

Hermann Hesse

Der eigene Sinn

Jeder Stein, jedes Gras, jede Blume, jeder Strauch, jedes Tier wächst, lebt, tut und fühlt lediglich nach seinem »eigenen Sinn«, und darauf beruht es, daß die Welt gut, reich und schön ist. Alles kommt einzig und allein davon her, daß jedes kleinste Ding im Weltall seinen »Sinn«, sein eigenes Gesetz in sich trägt und vollkommen sicher und unbeirrbar seinem Gesetze folgt.

Einzig zwei arme, verfluchte Wesen auf Erden gibt es, denen es nicht vergönnt ist, diesem ewigen Ruf zu folgen und so zu sein, so zu wachsen, zu leben und zu sterben, wie es ihnen der tief eingeborene eigene Sinn befiehlt. Einzig der Mensch und das von ihm gezähmte Haustier sind dazu verurteilt, nicht der Stimme des Lebens und Wachstums zu folgen, sondern irgendwelchen Gesetzen, die von Menschen aufgestellt sind und die immer von Zeit zu Zeit wieder von Menschen gebrochen und geändert werden. Und das ist nun das Sonderbarste: Jene wenigen, welche die willkürlichen Gesetze mißachteten, um ihren eigenen, natürlichen Gesetzen zu folgen – sie sind zwar meistens verurteilt und gesteinigt worden, nachher aber wurden sie, gerade sie, für immer als Helden und Befreier verehrt. Dieselbe Menschheit, die den Gehorsam gegen ihre willkürlichen Gesetze als höchste Tugend bei den Lebenden preist und fordert, dieselbe Menschheit nimmt in ihr ewiges Pantheon gerade jene auf, die jener Forderung Trotz boten und lieber ihr Leben ließen, als ihrem »eigenen Sinn« untreu wurden.

Das »Tragische«, jenes wunderbar hohe, mystisch-heilige Wort, das so voll von Schauern aus einer mythischen Menschheitsjugend her ist und das jeder Berichterstatter täglich so namenlos mißbraucht, das »Tragische« bedeutet ja gar nichts anderes als das Schicksal des Helden, der daran zugrunde geht, daß er entgegen den hergebrachten Gesetzen dem eigenen Sterne folgt. Dadurch, und einzig dadurch, eröffnet sich der Menschheit immer wieder die Erkenntnis vom »eigenen Sinn«. Denn der tragische Held, der Eigensinnige, zeigt den Millionen der Gewöhnlichen, der Feiglinge, immer wieder, daß der Ungehorsam gegen Menschensatzung keine rohe Willkür sei, sondern Treue gegen ein viel höheres, heiligeres Gesetz. Anders ausgedrückt: der menschliche Herdensinn fordert von jedermann vor allem Anpassung und Unterordnung – seine höchsten Ehren aber reserviert er keineswegs den Duldsamen, Feigen, Fügsamen, sondern gerade den Eigensinnigen, den Helden.

Baltasar Gracián

Das große Welttheater

Sobald der hocherhabene Schöpfer dieses gewaltige Weltgebäude vollendet hatte, ging er, so erzählt man, daran, es aufzuteilen, indem er in seine Gemächern seine Lebewesen einquartierte. Alle rief er sie zusammen, vom Elefanten bis zur Mücke; er zeigte ihnen die Abteilungen und befragte ein jedes, welche davon es sich als Wohnstatt und Aufenthalt aussuche. Es erwiderte der Elefant, ihm genüge ein Wald; das Pferd, ihm eine Wiese; der Adler, ihm eine der Luftregionen; der Walfisch, ein Meerbusen; der Schwan, ein Teich; die Barbe, ein Fluß und der Frosch, ihm ein Pfuhl. Als letzter erschien der erste, nämlich der Mensch und sagte, nach seinem Wunsch und Willen befragt, ihm genüge nichts Geringeres als das ganze Weltall, und auch das noch dünke ihm wenig. Die Umstehenden waren verblüfft ob solch maßlosen Ehrgeizes, wenn auch alsbald ein Schmeichler nicht ausblieb, der entschuldigend meinte, der entspringe seiner hohen Gesinnung. Die schlaueste aber von allen Kreaturen sprach zu ihnen: »Unzulänglich erscheint ihm die Oberfläche der Erde, und so dringt er in ihr Inneres ein und höhlt es aus, auf der Suche nach Gold und Silber, um mit irgend etwas seine Habgier zu befriedigen. Die Luft beansprucht und bedrängt er durch die emporgetürmte Steilheit seiner Bauten, womit er seinem Hochmut einigermaßen Luft macht. Er durchfurcht die Meere, und ihre tiefsten Buchten lotet er aus, auf Perlen erpicht, auf Bernstein und Korallen, seiner schillernden Eitelkeit zum Schmuck. Er nötigt alle Elemente, ihm darzubringen, was immer sie in sich bergen: die Luft ihre Vögel, das Meer seine Fische, die Erde ihr Wildbret, das Feuer seine zur Reife bringende Kraft, auf daß er seine Gefräßigkeit wach erhalte, wenn auch nicht stille, ja er beklagte sich gar noch, als habe es mit alledem nicht viel auf sich. Oh, über die ungeheuerliche Gier der Menschen!«

Nun ergriff der erhabene Gebieter das Wort und sprach: »Habt acht, vernehmet, erfahret, daß ich den Menschen mit meinen Händen gebildet habe, mir zum Knechte und euch zum Herrn; und als König, der er ist, strebt er nach Herrschaft über das Ganze. Verstehe aber, o Mensch« – und nun sprach er zu ihm –, »daß es im Geiste so sein soll und nicht mit dem Bauche, als Person und nicht als Vieh. Herr sollst du sein über alle erschaffenen Dinge und nicht ihr Sklave; sie sollen dir Folge leisten, nicht aber dich mit sich fortreißen. Das Ganze sollst du dir nehmen, in Erkenntnis deiner selbst und mit Erkenntlichkeit gegen mich; das heißt in allen erschaffenen Wunderwerken dankbar die göttlichen Vollkommenheiten erkennend und von den Geschöpfen her dich dem Schöpfer zuwendend.«

Albert Schweitzer

Die Ehrfurcht vor dem Leben

Ethik ist ins Grenzenlose erweiterte Verantwortung gegen alles, was lebt.

In ihrer Allgemeinheit mutet die Bestimmung der Ethik als Verhalten in der Gesinnung der Ehrfurcht vor dem Leben kalt an. Aber sie ist die einzig vollständige. Mitleid ist zu eng, um als Inbegriff des Ethischen zu gelten. Es bezeichnet ja nur die Teilnahme mit dem leidenden Willen zum Leben. Zur Ethik gehört aber das Miterleben aller Zustände und aller Aspirationen des Willens zum Leben, auch seiner Lust, auch seiner Sehnsucht, sich auszuleben, auch seines Dranges nach Vervollkommnung.

Mehr schon sagt Liebe, weil sie Mitleiden, Mitfreude und Mitstreben in sich faßt. Aber sie bezeichnet das Ethische nur in einem Gleichnisse, wenn auch einem natürlichen und tiefen Gleichnis. Sie setzt die durch Ethik geschaffene Solidarität in Analogie zu derjenigen, die die Natur auf physische Art mehr oder weniger vorübergehend zwischen zwei sich geschlechtlich ergänzenden Wesen, oder zwischen diesen und ihrer Nachkommenschaft eintreten läßt.

Das Denken muß danach streben, das Wesen des Ethischen an sich zum Ausdruck zu bringen. Dabei kommt es dazu, Ethik als Hingebung an Leben zu bestimmen, die durch Ehrfurcht vor dem Leben motiviert ist. Mag das Wort Ehrfurcht vor dem Leben als sehr allgemein etwas unlebendig klingen, so ist doch das, was damit bezeichnet wird, etwas, das den Menschen, in dessen Gedanken es einmal aufgetreten ist, nicht mehr losläßt. Mitleid, Liebe, und überhaupt alles wertvoll Enthusiastische sind in ihm gegeben. Mit rastloser Lebendigkeit arbeitet die Ehrfurcht vor dem Leben an der Gesinnung, in die sie hineingekommen ist, und wirft sie in die Unruhe einer niemals und nirgends aufhörenden Verantwortlichkeit hinein. Wie die sich durch die Wasser wühlende Schraube das Schiff, so treibt die Ehrfurcht vor dem Leben den Menschen an.

Aus innerer Nötigung entstehend, ist die Ethik der Ehrfurcht vor dem Leben nicht davon abhängig, inwieweit und inwiewenig sie sich zu einer befriedigenden Lebensanschauung auszudenken vermag. Sie braucht nicht auf die Frage Antwort zu geben, was das auf Erhaltung, Förderung und Steigerung von Leben gehende Wirken ethischer Menschen im Gesamtverlaufe des Weltgeschehens bedeuten kann. Sie läßt sich nicht irre machen durch die Erwägung, daß die von ihr geübte Erhaltung und Vollendung von Leben neben der gewaltigen, in jedem Augenblick durch Naturgewalten erfolgenden Vernichtung von Leben fast nicht in Betracht kommt. Wirken wollend, darf sie doch alle Probleme des Erfolges ihres Wirkens dahingestellt sein lassen. Bedeutungsvoll für die Welt ist die Tatsache an sich, daß in dem ethisch gewordenen Menschen ein von Ehrfurcht vor dem Leben und Hingebung an Leben erfüllter Wille zum Leben in der Welt auftritt.

GEORG CHRISTOPH LICHTENBERG

Aus den Sudelbüchern

Schon vor vielen Jahren habe ich gedacht, daß unsere Welt das Werk eines untergeordneten Wesens sein könne, und noch kann ich von dem Gedanken nicht zurückkommen. Es ist eine Torheit zu glauben, es wäre keine Welt möglich, worin keine Krankheit, kein Schmerz und kein Tod wäre. Denkt man sich ja doch den Himmel so. Von Prüfungszeit, von allmählicher Ausbildung zu reden, heißt sehr menschlich von Gott denken und ist bloßes Geschwätz. Warum sollte es nicht Stufen von Geistern bis zu Gott hinauf geben, und unsere Welt das Werk von einem sein können, der die Sache noch nicht recht verstand, ein Versuch? ich meine unser Sonnensystem, oder unser ganzer Nebelstern, der mit der Milchstraße aufhört. Vielleicht sind die Nebelsterne, die Herschel gesehen hat, nichts als eingelieferte Probestücke, oder solche, an denen noch gearbeitet wird. Wenn ich Krieg, Hunger, Armut und Pestilenz betrachte, so kann ich unmöglich glauben, daß alles das Werk eines höchst weisen Wesens sei.

Wenn man die Natur als Lehrerin, und die armen Menschen als Zuhörer betrachtet, so ist man geneigt, einer ganz sonderbaren Idee vom menschlichen Geschlechte Raum zu geben. Wir sitzen allesamt in einem Collegio, haben die Prinzipien, die nötig sind, es zu verstehen und zu fassen, horchen aber immer mehr auf die Plaudereien unserer Mitschüler, als auf den Vortrag der Lehrerin. Oder wenn ja einer neben uns etwas nachschreibt, so *spicken* wir von ihm, stehlen, was er selbst vielleicht undeutlich hörte, und vermehren es mit unsern eigenen orthographischen und Meinungsfehlern.

Erkenntnis und Wissen

Karl Popper

Selbstbefreiung durch das Wissen

Es ist schon lange her, daß die Philosophie Immanuel Kants, des größten deutschen Philosophen, in Deutschland für überholt erklärt und zum alten Eisen geworfen wurde; und mit ihr Kants Geschichtsphilosophie. Die überragende intellektuelle und moralische Persönlichkeit Kants war seinen Epigonen ein Dorn im Auge. Jedenfalls versuchten es Fichte und später Hegel, mit Kant dadurch fertig zu werden, daß sie ihn als ihren Vorläufer ausgaben. Aber Kant war kein Vorläufer der romantischen Schule, sondern ihr Gegner. Er war der letzte große Philosoph, der zu jener seither so viel geschmähten Bewegung gehörte, die sich selbst »Aufklärung« nannte. In einem interessanten Aufsatz unter dem Titel »Was ist Aufklärung« schrieb Kant folgendes:

»Aufklärung ist der Ausgang des Menschen aus seiner selbstverschuldeten Unmündigkeit. Unmündigkeit ist das Unvermögen, sich seines Verstandes ohne Leitung eines anderen zu bedienen. Selbstverschuldet ist diese Unmündigkeit, wenn die Ursache derselben nicht am Mangel des Verstandes, sondern der Entschließung und des Mutes liegt, sich seiner ohne Leitung eines anderen zu bedienen. *Sapere aude!* Habe Mut, dich deines eigenen Verstandes zu bedienen!, ist also der Wahlspruch der Aufklärung.«

So schrieb Kant. Und diese Stelle aus Kants Aufsatz zeigt deutlich, was für Kant die entscheidende Idee der Aufklärung war. Es war die Idee der *Selbstfreiung durch das Wissen*.

Obwohl Kant in der Selbstbefreiung durch das Wissen eine der wichtigsten und würdigsten Aufgaben seines eigenen Lebens sah und obwohl er überzeugt war, daß jeder Mensch vor dieser Aufgabe stehe, außer wenn es ihm am nötigen Verstand fehlte, so war er doch weit davon entfernt, den Sinn des Lebens mit einer hauptsächlich intellektuellen Aufgabe, wie es die der Selbstbefreiung durch das Wissen ist, zu identifizieren. Kant brauchte nicht die Romantiker, um die reine Vernunft zu kritisieren oder um einzusehen, daß der Mensch kein reines Vernunftwesen ist und daß das rein verstandesmäßige Wissen keineswegs das beste und höchste im Menschenleben ist. Er war ein Pluralist, der für die Vielzahl und die Verschiedenheit menschlicher Zielsetzungen und daher für eine pluralistische oder offene Gesellschaftsordnung kämpfte, unter der Parole: »Wage es, frei zu sein, und achte die Freiheit und die Verschiedenheit in anderen, denn die Menschenwürde liegt in der Freiheit, in der Autonomie.« Dennoch erschien ihm die intellektuelle Selbsterziehung, die Selbstbefreiung durch das Wissen, eine philosophisch notwendige Aufgabe, die jeden Menschen hier und jetzt zur sofortigen Tat aufruft; denn nur durch das Wissen können wir uns *geistig* befreien – von der Versklavung durch falsche Ideen, Vorurteile und Idole. Obwohl daher die Aufgabe der Selbsterziehung sicher nicht den Sinn unseres Lebens erschöpft, so kann die Selbsterziehung entscheidend dazu beitragen, unser Leben sinnvoll zu machen.

Konrad Lorenz

Die Ablehnung einer nicht-zweckgerichteten Weltordnung

Vielen Menschen erscheint es undenkbar, daß es im Universum Vorgänge gibt, die nicht nach bestimmten Zwecken ausgerichtet sind. Weil wir bei uns selbst sinnloses Handeln für einen Unwert erachten, stört es uns, daß es ein Geschehen gibt, das jeden Sinnes entbehrt. Goethe läßt Faust beim Anblick brandender Meereswellen sagen: »Was zur Verzweiflung mich beängstigen könnte, zwecklose Kraft unbändiger Elemente.« Vor allem aber kränkt es den Menschen in seinem Selbstgefühl, daß er mit allen seinen Belangen dem kosmischen Geschehen so absolut gleichgültig ist. Weil er merkt, daß im Weltgeschehen das Sinnlose überwiegt, befürchtet er, das Unsinnige müsse schon rein mengenmäßig über die menschlichen Bestrebungen der Sinngebung triumphieren. Aus dieser Furcht entspringt der Denkzwang, in allem, was geschieht, einen verborgenen Sinn zu vermuten. »Der Mensch will«, wie Nicolai Hartmann sagt, »der Härte des Realen als des gegen ihn absolut Gleichgültigen nicht ins Gesicht sehen. Er meint gleich, das Leben lohne sich sonst nicht.« An anderer Stelle sagt der Philosoph: »Himmelfern liegt es ihm, auch nur zu ahnen, daß Sinngebung ein Vorrecht des Menschen sein könnte und daß vielleicht gerade er in seiner Ahnungslosigkeit sich selbst um dieses Vorrecht bringt.«
Paradoxerweise ist die Abneigung gegen ein nicht zweck-

gerichtetes, nicht final determiniertes Weltgeschehen auch von der Furcht motiviert, der freie Wille des Menschen könne sich als eine Illusion erweisen, was nicht nur erkenntnistheoretisch unsinnig, sondern auch, was eine zweckgerichtete Weltordnung betrifft, völlig verkehrt ist: »Die widerspruchslos hingenommene Vorstellung von einer von vornherein durchgehend final determinierten Welt schließt ja zwingend jegliche Freiheit des Menschen aus« und beschränkt ihn auf das Verhalten eines Schienenfahrzeuges, das sein Ziel zwangläufig erreicht. Diese Vorstellung bedeutet die absolute Verneinung des Menschen als eines verantwortlichen Wesens.

BERTRAND RUSSELL

Es gibt viele Fragen ...

Es gibt viele Fragen – und unter ihnen solche, die für unser geistiges Leben von profundestem Interesse sind – die, soweit wir sehen können, für den menschlichen Intellekt unlösbar bleiben müssen, wenn seine Fähigkeiten sich nicht zu einer Größenordnung entwickeln, die uns bis jetzt unbekannt geblieben ist. Hat die Welt einen einheitlichen Plan oder Zweck, oder besteht sie aus einem zufälligen Zusammenspiel der Atome? Ist das Bewußtsein ein beständiger Teil der Welt, so daß wir noch auf ein unbeschränktes Wachstum an Weisheit hoffen dürfen, oder ist das Bewußtsein ein vorübergehendes Phänomen auf einem kleinen Planeten, auf dem das Leben nach einiger Zeit unmöglich werden wird? Haben Gut und Böse eine Bedeutung für die ganze Welt oder nur für die Menschen? – Das sind Fragen, die die Philosophie stellt, und die von verschiedenen Philosophen verschieden beantwortet worden sind.

Der Wert der Philosophie besteht im wesentlichen in der Ungewißheit, die sie mit sich bringt. Wer niemals eine philosophische Anwandlung gehabt hat, der geht durchs Leben und ist wie in ein Gefängnis eingeschlossen: von den Vorurteilen des gesunden Menschenverstands, von den habituellen Meinungen seines Zeitalters oder seiner Nation und von den Ansichten, die ohne die Mitarbeit oder die Zustimmung der überlegenden Vernunft in ihm gewachsen sind. So ein Mensch neigt dazu, die Welt bestimmt, endlich, selbstverständlich zu finden; die vertrauten Gegenstände stellen keine Fragen, und die ihm unvertrauten Möglichkeiten weist er verachtungsvoll von der Hand. Sobald wir aber anfangen zu philosophieren, führen selbst die alltäglichsten Dinge zu Fragen, die man nur sehr unvollständig beantworten kann. Die Philosophie kann uns zwar nicht mit Sicherheit sagen, wie die richtigen Antworten auf die gestellten Fragen heißen, aber sie kann uns viele Möglichkeiten zu bedenken geben, die unser Blickfeld erweitern und uns von der Tyrannei des Gewohnten befreien. Sie vermindert unsere Gewißheiten darüber, was die Dinge sind, aber sie vermehrt unser Wissen darüber, was die Dinge sein könnten. Sie schlägt die etwas arrogante Gewißheit jener nieder, die sich niemals im Bereich des befreienden Zweifels aufgehalten haben, und sie hält unsere Fähigkeit zu erstaunen wach, indem sie uns vertraute Dinge von uns nicht vertrauten Seiten zeigt.

VOLTAIRE

Was ist die Seele

Dieser verschwommene, unbestimmte Begriff bezeichnet etwas, dessen Ursprung uns unbekannt ist, dessen Wirkungen wir jedoch in uns verspüren können. Das Wort entspricht dem lateinischen *anima*.
Im Latein und den Sprachen, die sich davon herleiten, bedeutet dieses Wort im eigentlichen und wörtlichen Sinne *das, was belebt*. So sprach man von *Seele* bei Menschen, Tieren und zuweilen auch bei Pflanzen, um den Ursprung ihres Wachstums und ihres Lebens zu bezeichnen. Immer hat man mit diesem Wort nur eine verworrene Vorstellung verbunden, wie etwa in der *Genesis*, wo es heißt: »Und Gott der Herr machte den Menschen aus einem Erdenkloß, und er blies ihm ein den lebendigen Odem in seine Nase. Und also ward der Mensch eine lebendige Seele.«
So nahm man die Seele schlechthin für den Ursprung und die Ursache des Lebens, ja für das Leben selbst. Deshalb glaubten alle Völker lange Zeit, daß mit dem Körper alles sterbe. Wenn man aus dem Wirrwarr der alten Geschichte etwas entnehmen kann, so haben zumindest die Ägypter, wie es scheint, als erste zwischen Vernunft und Seele unterschieden.
Nach ihrem Beispiel machten die Römer einen Unterschied zwischen *animus* und *anima* und wir schließlich auch zwischen Seele und Verstand. Aber sind das Prinzip

unseres Lebens und das Prinzip unseres Denkens zwei verschiedene Dinge? Oder ist es ein und dasselbe?
Das ist Gegenstand ewigen Streites unter den Menschen. Ich sage, ewigen Streites, denn da wir keine ursprüngliche Vorstellung haben, von der wir bei dieser Untersuchung ausgehen könnten, werden wir für immer in einem Labyrinth von Zweifeln und unsicheren Vermutungen bleiben. Wir haben nicht den geringsten Ansatzpunkt, um auch nur bescheidenste Kenntnis über die Quelle unseres Lebens und Denkens zu erlangen. Und wie auch?
Weiß irgend jemand, wie seine Glieder seinem Willen gehorchen, auf welche Weise in seinem Gehirn Ideen entstehen und auf sein Gebot daraus hervorkommen? Wir sind unvermögende Wesen, die eine unsichtbare Hand auf der Bühne dieser Welt lenkt, und wer von uns hat den Faden gesehen, der uns führt? Wir erkühnen uns, in Frage zu stellen, ob die vernunftbegabte Seele *Geist* oder *Materie* ist, ob sie vor uns geschaffen ist, ob sie bei unserer Geburt aus dem Nichts hervorgeht, ob sie, nachdem sie uns kurze Zeit auf Erden belebt hat, nach uns in der Ewigkeit weiterlebt. Das scheinen erhabene Fragen zu sein. Was sind sie aber in Wirklichkeit? Fragen von Blinden, die zu anderen Blinden sagen: Was ist das Licht?

JOHN LOCKE

Die drei Verfehlungen gegen die Vernunft

Neben dem Mangel an klaren Gedanken und an findigem Scharfsinn beim Anordnen der Gedanken gibt es drei Verfehlungen, deren sich die Menschen in bezug auf ihre Vernunft schuldig gemacht haben und durch welche diese ihrer eigentlichen Aufgabe entzogen wurde. Wer über die Handlungen und Ansichten der Menschen nachdenkt, wird solche Verfehlungen sehr häufig und sehr leicht wiedererkennen.

1. Den ersten Fehler begehen alle die, welche nur selten selbst denken und sich im Handeln und Denken nach dem Beispiel Anderer richten, ihrer Eltern, Nachbarn, Pfarrer oder dessen, den sie sonst etwa zum Vormund ihrer Einfalt erwählen, um sich die peinliche Mühe eigenen Nachdenkens zu ersparen.

2. Den zweiten Fehler begehen die, welche an Stelle des Verstandes die Leidenschaft walten lassen und welche, entschlossen, ihre Absichten und Ansichten durchzusetzen, weder auf ihren eigenen Verstand noch auf fremde Meinungen mehr hören, als es ihrer Laune, Selbstsucht und Persönlichkeit paßt. Es läßt sich beobachten, daß sich solche Leute gewöhnlich mit Worten ohne klare Gedanken zufrieden geben, obwohl sie es bei anderen Gelegenheiten, wenn sie unbefangen und gleichgültig sind, und wenn keine verwirrende Leidenschaft im Hintergrund steht,

nicht daran fehlen lassen, vernünftig zu sein und Vernunft anzunehmen.

3. Die dritte Verfehlung begeht wer zwar willig und ehrlich nachdenkt, aber aus Mangel an dem, was man »umfassenden, weiten Horizont« nennt, keinen vollen Überblick über alle wichtigen zur Sache gehörigen Punkte hat.

Von diesem Fehler ist, glaube ich, niemand frei. Wir sind alle kurzsichtig und sehen die Dinge sehr oft nur von einer Seite an; unser Blick erfaßt nicht alles, was in Beziehung zu ihnen steht; wir sehen nur Teile und unser Wissen ist Stückwerk. Kein Wunder, daß unsere Folgerungen daraus in die Irre gehen! Selbst wer sich stolz den Besten gleichstellt, sollte lernen, wie nützlich es ist, mit anderen Leuten zu sprechen und sich mit ihnen zu beraten, auch wenn sie ihn an Fähigkeiten, Auffassungsgabe und Tiefsinn nicht erreichen. Denn da der einzelne nicht alles sieht und die Menschen von derselben Sache sozusagen verschiedene Bilder haben, je nach dem Standpunkt, den sie ihr gegenüber einnehmen, darf er wohl mit Recht und ohne sich etwas zu vergeben, nachfragen, ob nicht andere Menschen beobachtet haben, was ihm entgangen ist, und das er verwerten könnte, wenn es ihm bekannt wäre.

GEORG CHRISTOPH LICHTENBERG

Über den Nutzen des Selbstdenkens

Seitdem man Wissenschaft zu nennen beliebt, anderer törichte Meinungen zu kennen, die man vielleicht aus einer einzigen Formel nach den Regeln einer ganz mechanischen Erfindungskunst herleiten könnte, und sich überall durch Mode, Gewohnheit, Ansehen und Interesse leiten läßt, seitdem ist dem Menschen die Lebenszeit zu kurz geworden.

Man empfiehlt Selbstdenken, oft nur um die Irrtümer anderer beim Studieren von Wahrheit zu unterscheiden. Es ist ein Nutzen, aber ist das alles? Wieviel unnötiges Lesen wird dadurch uns erspart! Ist denn Lesen und Studieren einerlei? Es hat jemand mit großem Grund der Wahrheit behauptet, daß die Buchdruckerei Gelehrsamkeit zwar mehr ausgebreitet, aber im Gehalt vermindert hätte. Das viele Lesen ist dem Denken schädlich. Die größten Denker, die mir vorgekommen sind, waren gerade unter allen Gelehrten die, welche am wenigsten gelesen hatten.
Wenn man die Menschen lehrt, wie sie denken sollen, und nicht ewig hin, was sie denken sollen, so wird auch dem Mißverständnis vorgebeugt. Es ist eine Art von Einweihung in die Mysterien der Menschheit. Wer im eigenen Denken auf einen sonderbaren Satz stößt, kommt auch wohl wieder davon ab, wenn er falsch ist. Ein sonderbarer Satz hingegen, der von einem Manne von Ansehen gelehrt wird,

kann Tausende, die nicht untersuchen, irre führen. Man kann nicht vorsichtig genug sein in Bekanntmachung eigener Meinungen, die auf Leben und Glückseligkeit hinauslaufen; hingegen nicht emsig genug, Menschenverstand und Zweifeln einzuschärfen.

Wir müssen glauben, daß alles eine Ursache habe, so wie die Spinne ihr Netz spinnt, um Fliegen zu fangen. Sie tut dieses, ehe sie weiß, daß es Fliegen in der Welt gibt.

GOTTHOLD EPHRAIM LESSING

Philosophie und Lebensweisheit

Man stelle sich vor, es stünde zu unsern Zeiten ein Mann auf, welcher auf die wichtigsten Verrichtungen unserer Gelehrten von der Höhe seiner Empfindungen verächtlich herabsehen könnte, welcher mit einer sokratischen Stärke die lächerlichen Seiten unserer so gepriesenen Weltweisen zu entdecken wüßte, und mit einem zuversichtlichen Tone auszurufen wagte:

Ach! eure Wissenschaft ist noch der Weisheit Kindheit,
Der Klugen Zeitvertreib, ein Trost der stolzen Blindheit!

Gesetzt, alle seine Ermahnungen und Lehren zielten auf das einzige, was uns ein glückliches Leben verschaffen kann, auf die Tugend. Er lehrte uns, des Reichtums entbehren, ja ihn fliehen. Er lehrte uns, unerbittlich gegen uns selbst, nachsehend gegen andre sein. Er lehrte uns, das Verdienst, auch wenn es mit Unglück und Schmach überhäuft ist, hochachten und gegen die mächtige Dummheit verteidigen. Er lehrte uns, die Stimme der Natur in unsern Herzen lebendig empfinden. Er lehrte uns, Gott nicht nur glauben, sondern was das vornehmste ist, lieben. Er lehrte uns endlich, dem Tode unerschrocken unter die Augen gehen, und durch einen willigen Abtritt von diesem Schauplatze beweisen, daß man überzeugt sei, die Weisheit würde uns die Maske nicht ablegen heißen, wenn wir unsere Rolle nicht geendigt hätten. Man bilde sich übrigens ein, dieser Mann besäße nichts von aller der Kenntnis, die desto weniger nützt, je prahlender sie ist. Wenn er es nun gar, indem er in allen Gesellschaften der falschen Weisheit die Larve abriß, dahin brächte, daß ihre Hörsäle, ich will nicht sagen leer, doch minder voll würden; ich bitte euch, meine Freunde, was würden unsere Philosophen mit diesem Manne anfangen? Würden sie sagen: Wir haben geirret? Ja, er hat Recht?

Man muß keinen Philosophen kennen, wenn man glaubt, er sei fähig, zu widerrufen. Ihr seid ein Schwärmer! würden sie einmütig schreien. Ein Narr, der dem Tollhause entlaufen ist! Allein man wird schon Sorge tragen, daß Ihr wieder an Ort und Stelle kommt.

Gott sei Dank, daß ein so verwegener Freund der Laien noch nicht aufgestanden ist, und zu unsern Zeiten auch nicht aufstehen möchte: denn die Herrn, welche mit der Wirklichkeit der Dinge so viel zu tun haben, werden schon sorgen, daß meine Einbildung nimmermehr zur Wirklichkeit gelangt.

FRANZ KAFKA

Jenseits der Erkenntnis

Seit dem Sündenfall sind wir in der Fähigkeit zur Erkenntnis des Guten und Bösen im wesentlichen gleich; trotzdem suchen wir gerade hier unsere besonderen Vorzüge. Aber erst jenseits dieser Erkenntnis beginnen die wahren Verschiedenheiten. Der gegenteilige Schein wird durch folgendes hervorgerufen: niemand kann sich mit der Erkenntnis allein begnügen, sondern muß sich bestreben, ihr gemäß zu handeln. Dazu aber ist ihm die Kraft nicht mitgegeben, er muß daher sich zerstören, selbst auf die Gefahr hin, sogar dadurch die notwendige Kraft nicht zu erhalten, aber es bleibt ihm nichts anderes übrig, als dieser letzte Versuch. (Das ist auch der Sinn der Todesdrohung beim Verbot des Essens vom Baume der Erkenntnis; vielleicht ist das auch der ursprüngliche Sinn des natürlichen Todes.) Vor diesem Versuch nun fürchtet er sich; lieber will er die Erkenntnis des Guten und Bösen rückgängig machen (die Bezeichnung »Sündenfall« geht auf diese Angst zurück); aber das Geschehene kann nicht rückgängig gemacht, sondern nur getrübt werden. Zu diesem Zweck entstehen die Motivationen. Die ganze Welt ist ihrer voll, ja die ganze sichtbare Welt ist vielleicht nichts anderes als eine Motivation des einen Augenblick lang ruhenwollenden Menschen. Ein Versuch, die Tatsache der Erkenntnis zu fälschen, die Erkenntnis erst zum Ziel zu machen.

Ein erstes Zeichen beginnender Erkenntnis ist der Wunsch

zu sterben. Dieses Leben scheint unerträglich, ein anderes unerreichbar. Man schämt sich nicht mehr, sterben zu wollen; man bittet, aus der alten Zelle, die man haßt, in eine neue gebracht zu werden, die man erst hassen lernen wird. Ein Rest von Glauben wirkt dabei mit, während des Transportes werde zufällig der Herr durch den Gang kommen, den Gefangenen ansehen und sagen: »Diesen sollt ihr nicht wieder einsperren. Er kommt zu mir.«

André Glucksmann

Über die Dummheit

Wie Sand am Meer gibt es sie, die Beispiele für Dummheit, täglich nehmen sie zu und bestärken uns in der Illusion, wir seien unbeteiligte Beobachter. Aber es gibt keine Dummheit, die nicht auf irgendeine Weise auch die unsere wäre, und so wird der Wunsch, sie von Grund auf zu verstehen, von der Sorge hintertrieben, sich vor ihr zu schützen. Wir versuchen Distanz zu halten, tun es aber nur jenem gleich, der vom Regen in die Traufe geriet. Auf diesem Terrain wären die ausgepichtesten Kenner der Materie Ignoranten geblieben, hätten sie sich nicht mit Leib und Seele in dubiose Kämpfe und Erniedrigungen gestürzt, aus denen sie um Haaresbreite nicht mehr herausgekommen wären. Es ist ein Akt der Vorsicht, die Dummheit dem Gegenüber anzulasten, und so hält der Franzose den Deutschen für dumm, der Linke den Rechten, und umgekehrt. Doch nur die kennen die Dummheit, die sich in Gefahr begeben, die mit ihr auf du und du sind, sich ihrem Geschwätz aussetzen, ihre Fadheit auskosten, die sich von ihr behexen lassen, die Geschmack an ihr finden. Wer nie betrunken war, kann das Drama der Trunksucht schwerlich begreifen. Solange ich glaube, daß Dummheit etwas Zufälliges ist, etwas, das nur den anderen zustößt, und mir nur dann, wenn ich unter Fremdeinfluß stehe werde ich nie begreifen, wie subtil dieses Phänomen ist. Wahrlich harte Tatsachen und Erfahrungen, aber sie aufzulisten bringt niemandem etwas ein, außer meinem eigenen Selbstbewußtsein. »Wie töricht er ist! Bin ich dumm!« Hinter diesen Feststellungen verbirgt sich ein vertrackter und versteckter Mechanismus.

Dummheit – das sind wir. Und umgekehrt. Aus diesem Kreis gibt es kein Entrinnen. Er ist teuflisch, aber er gab den Philosophen zu denken. Historische Bedeutung erhielt diese Feststellung, als Sokrates, Nummer 1 unter den Philosophen, auf den Spruch des Orakels: »Erkenne dich selbst«, die richtige Antwort fand. Mit seinem »Ich weiß, daß ich nichts weiß« faßte er eine neue Art der Selbstreflexion in Worte, undogmatisch und ohne den Ehrgeiz, mehr zu wissen als die anderen oder eine Krankheit heilen zu können, die ihm selbst gänzlich unbekannt war. »Erkenne dich selbst« fordert behutsam dazu auf: »Wisse, daß du nichts weißt«, und ergänzt: »Erkenne die Dummheit in dir«.

Daß wir versucht haben, ein Jahrhundert lang ohne Philosophie auszukommen, das heißt, ohne die Dummheit eines Blickes zu würdigen, hat uns jedenfalls nicht zu höherer Weisheit verholfen.

Schlichte Dummheit scheint es nicht zu geben, zumindest ist sie schwer zu finden. Die aufgesetzte Schlichtheit gleicht einer Maske unter vielen, in einer Pantomime, deren Mitwirkende allesamt verkleidet sind.

Wahrheit und Gerechtigkeit

JOHN LOCKE

Grundwahrheiten

Da der Geist des Menschen eng begrenzt ist, und so langsam im Erfassen der Dinge und neuer Wahrheiten, daß sich niemand, selbst in einem viel längeren Leben, als das unsere, alle Wahrheiten anzueignen vermag, müssen wir unsere Gedanken auf der Suche nach Erkenntnis vor allem den grundlegenden und wichtigen Fragen planmäßig zuwenden, müssen alles Belanglose sorgfältig vermeiden und dürfen es nicht zugeben, daß wir von unserem geraden Weg zum Ziel durch nur zufällig auftretende Nebenzwecke abgelenkt werden. Ich brauche nicht zu erwähnen, wieviel Zeit bei vielen jungen Leuten auf rein logischen Formelkram vergeudet wird. Das ist nicht anders und besser, als wollte ein angehender Maler seine ganze Zeit auf die Prüfung der Fäden der verschiedenen Leinwandstücke verwenden, die er bemalen soll, und die Haare jedes Pinsels und jeder Bürste zählen, die er zum Auflegen der Farben benutzen will.

Es gibt letzte, fundamentale Grundwahrheiten, die vielen anderen darauf beruhenden Halt und Stütze sind. Das sind die fruchtbaren, inhaltsreichen Wahrheiten, die dem Verstand Nahrung geben, und, wie die Leuchten des Himmels, nicht nur an sich schön und wunderbar sind, sondern ihr Licht und ihre Gewißheit auch auf andere Dinge übertragen, die ohne sie nicht hätten gesehen und erkannt werden können. Dieser Art ist Newtons bewundernswerte Entdekkung des Gravitationsgesetzes, das als Grundlage der Naturwissenschaft anzusehen ist und dessen Bedeutung für das Verständnis des großen Gebäudes unseres Sonnensystems er zum Erstaunen der gelehrten Welt dargetan hat; und es ist noch unbekannt, wieviel weiter es uns bei richtiger Ausnützung auch in anderen Fragen bringen könnte. Des Erlösers großes Gebot: »Du sollst Deinen Nächsten lieben, als Dich selbst« ist solch eine fundamentale Wahrheit für das Verhalten der Menschen untereinander, und ich glaube, daß man allein durch sie alle Fragen und Zweifel auf sozial-ethischem Gebiet beheben könnte. Solche und ähnliche Wahrheiten sollten wir anstreben zu finden und den Geist damit zu befruchten.

Michel de Montaigne

Was die nagelneue Tugend der Verstellungskunst . . .

Was die nagelneue Tugend der Verstellungskunst und das Hinterm-Berge-Halten, welche jetzt in solchen Ehren stehen, anbetrifft, so habe ich dagegen einen bittern Haß, und unter allen Lastern kenne ich keines, welches mehr schändliche Niederträchtigkeit des Herzens verriete. Es ist eine knechtische, feigherzige Denkart, sich unter einer Larve zu verstecken und zu verbergen, und nicht das Herz zu haben, sich so zu zeigen, wie man wirklich ist. Dadurch werden die Menschen nach und nach völlig heimtückisch. Da sie sich verführen lassen, falsche Versicherungen zu geben, machen sie sich auch kein Gewissen daraus, ihre Zusagen zu brechen. Ein großmütiges Herz muß seine Gedanken nicht verkleistern. Es will sich bis in sein Innerstes sehen lassen. Alles ist darin gut, oder wenigstens menschlich. Aristoteles setzt es unter die Zeichen der Seelengröße, unverhohlen und unverstellt zu lieben und zu hassen, ebenso zu reden und zu urteilen und sich nichts aus dem Beifall oder den Vorwürfen anderer zu machen, wenn es die Wahrheit gilt. Apollonius sagte: Lügen ist für Knechte, den Freien gebührt die Wahrheit zu sagen. Dies ist der erste und hauptsächlichste Teil der Tugend; man muß sie ihrer selbst wegen lieben. Derjenige, welcher die Wahrheit spricht, weil er dazu auf andere Weise verbunden ist, oder weil es eben nutzt und frommt, und sich nicht fürchtet zu lügen, wenn es keinen Menschen etwas angeht, der ist noch nicht ganz wahrhaft. Meine Seele scheuet von Natur die Lüge, und sträubt sich, selbst nur eine zu denken. Ich empfinde eine innere Scham und scharfe Gewissensbisse, wenn mir zuweilen eine Unwahrheit entwischt, wie es wohl dann und wann geschieht, so mich die Gelegenheit unversehenerweise überrascht und hinreißt. Man muß nicht immer alles sagen, denn das wäre Tölpelei: aber was man sagt, muß sein, wie man es denkt, sonst ist es Bosheit. Ich weiß nicht, was die Menschen davon für Vorteile erwarten, wenn sie sich unaufhörlich verstellen und verbergen. Es müßte denn der sein, daß man ihnen gar nichts mehr glaube, selbst dann nicht, wenn sie die Wahrheit sagen.

Gotthold Ephraim Lessing

Der weiseste unter den Menschen

Der Mensch ward zum Tun und nicht zum Vernünfteln erschaffen. Aber eben deswegen, weil er nicht dazu erschaffen ward, hängt er diesem mehr als jenem nach. Seine Bosheit unternimmt allezeit das, was er nicht soll, und seine Verwegenheit allezeit das, was er nicht kann. Er, der Mensch, sollte sich Schranken setzen lassen?

Der weiseste unter den Menschen, nach einem Ausspruche des Orakels, in dem es sich am wenigsten gleich war, bemühte sich, die Lehrbegierde von diesem verwegenen Fluge zurückzuholen. »Törichte Sterbliche, was über euch ist, ist nicht für euch! Kehret den Blick in euch selbst! In euch sind die unerforschten Tiefen, worinnen ihr euch mit Nutzen verlieren könnt. Hier untersucht die geheimsten Winkel. Hier lernet die Schwäche und Stärke, die verdeckten Gänge und den offenbaren Ausbruch eurer Leidenschaften! Hier richtet das Reich auf, wo ihr Untertan und König seid! Hier begreifet und beherrschet das einzige, was ihr begreifen und beherrschen sollt; euch selbst.«

So ermahnte Sokrates, oder vielmehr Gott durch den Sokrates.

»Wie?« schrie der Sophist. »Lästerer unserer Götter! Verführer des Volks! Pest der Jugend! Feind des Vaterlandes! Verfolger der Weisheit!«

Allein was vermag die Bosheit gegen einen Weisen? Kann sie ihn zwingen, seine Meinung zu ändern? die Wahrheit zu verleugnen? Beweinenswürdiger Weise, wenn sie so stark wäre. Lächerliche Bosheit, die ihm, wenn sie es weit bringt, nichts als das Leben nehmen kann. Daß Sokrates ein Prediger der Wahrheit sei, sollten auch seine Feinde bezeugen, und wie hätten sie es anders bezeugen können, als daß sie ihn töteten?

Arthur Schopenhauer

Die Kraft der Wahrheit

Oft ist gesagt worden, daß man der Wahrheit nachspüren soll, auch wo kein Nutzen von ihr abzusehen ist. Man soll auch ebensosehr bestrebt sein jeden Irrtum aufzudecken und auszurotten, auch wo kein Schaden von ihm abzusehn, weil auch dieser sehr mittelbar sein und einst hervortreten kann, wo man ihn nicht erwartet: denn jeder Irrtum trägt Gift in seinem Innern. Ist es der Geist, ist es die Erkenntnis, welche den Menschen zum Herrn der Erde macht; so gibt es keine unschädlichen Irrtümer, noch weniger ehrwürdige, heilige Irrtümer. Und zum Trost derer, welcher dem edlen und so schweren Kampf gegen den Irrtum, in irgendeiner Art und Angelegenheit, Kraft und Leben widmen, kann ich mich nicht entbrechen, hier hinzuzusetzen, daß zwar solange, als die Wahrheit noch nicht dasteht, der Irrtum sein Spiel treiben kann, wie Eulen und Fledermäuse in der Nacht; aber eher mag man erwarten, daß Eulen und Fledermäuse die Sonne zurück in den Osten scheuchen werden, als daß die erkannte und deutlich und vollständig ausgesprochene Wahrheit wieder verdrängt werde, damit der alte Irrtum seinen breiten Platz nochmals ungestört einnehme. Das ist die Kraft der Wahrheit, deren Sieg schwer und mühsam, aber dafür, wenn einmal errungen, ihr nicht mehr zu entreißen ist.

Karl Jaspers

Giordano Bruno und Galilei

Giordano Bruno glaubte und Galilei wußte. Äußerlich waren beide in der gleichen Lage. Ein Inquisitionsgericht verlangte unter Drohung des Todes den Widerruf. Bruno war zum Widerruf mancher, aber nicht der für ihn entscheidenden Sätze bereit; er starb den Märtyrertod. Galilei widerrief die Lehre von der Drehung der Erde um die Sonne, und man erfand die treffende Anekdote von seinem nachher gesprochenen Wort: und sie bewegt sich doch. Das ist der Unterschied: Wahrheit, die durch Widerruf leidet, und Wahrheit, deren Widerruf sie nicht antastet. Beide taten etwas dem Sinne der von ihnen vertretenen Wahrheit Angemessenes. Wahrheit, aus der ich lebe, ist nur dadurch, daß ich mit ihr identisch werde; sie ist in ihrer Erscheinung geschichtlich, in ihrer objektiven Aussagbarkeit nicht allgemeingültig, aber sie ist unbedingt. Wahrheit, deren Richtigkeit ich beweisen kann, besteht ohne mich selber; sie ist allgemeingültig, ungeschichtlich, zeitlos, aber nicht unbedingt, vielmehr bezogen auf Voraussetzungen und Methoden der Erkenntnis im Zusammenhang des Endlichen. Es wäre ungemäß, für eine Richtigkeit, die beweisbar ist, sterben zu wollen. Wo aber der Denker, der des Grundes der Dinge inne zu sein glaubt, seine Sätze nicht zu widerrufen vermag, ohne dadurch die Wahrheit selber zu verletzen, das ist sein Geheimnis. Keine allgemeine Einsicht kann von ihm fordern, Märtyrer zu werden.

Nur daß er es wird, und zwar, wie Bruno, nicht aus schwärmerischem Enthusiasmus, nicht aus dem Trotz des Augenblicks, sondern nach langer, widerstrebender Selbstüberwindung, das ist ein Merkmal echten Glaubens, nämlich der Gewißheit von Wahrheit, die ich nicht beweisen kann wie wissenschaftliche Erkenntnis von endlichen Dingen.

THEODOR W. ADORNO

Vor allem eins, mein Kind

Die Unmoral der Lüge besteht nicht in der Verletzung der sakrosankten Wahrheit. Auf diese sich zu berufen hat am letzten eine Gesellschaft das Recht, die ihre Zwangsmitglieder dazu verhält, mit der Sprache herauszurücken, um sie dann desto zuverlässiger ereilen zu können. Es kommt der universalen Unwahrheit nicht zu, auf der partikularen Wahrheit zu bestehen, die sie doch sogleich in ihr Gegenteil verkehrt. Trotzdem haftet der Lüge etwas Widerwärtiges an, dessen Bewußtsein einem zwar von der alten Peitsche eingeprügelt ward, aber zugleich etwas über die Kerkermeister besagt. Der Fehler liegt bei der allzu großen Aufrichtigkeit. Wer lügt, schämt sich, denn an jeder Lüge muß er das Unwürdige der Welteinrichtung erfahren, die ihn zum Lügen zwingt, wenn er leben will, und ihm dabei auch noch »Üb immer Treu' und Redlichkeit« vorsingt. Solche Scham entzieht den Lügen der subtiler Organisierten die Kraft. Sie machen es schlecht, und damit wird die Lüge recht eigentlich erst zur Unmoral am anderen. Sie schätzt ihn als dumm ein und dient der Nichtachtung zum Ausdruck. Unter den abgefeimten Praktikern von heute hat die Lüge längst ihre ehrliche Funktion verloren, über Reales zu täuschen. Keiner glaubt keinem, alle wissen Bescheid. Gelogen wird nur, um dem andern zu verstehen zu geben, daß einem nichts an ihm liegt, daß man seiner nicht bedarf, daß einem gleichgültig ist, was er über einen denkt. Die Lüge, einmal ein liberales Mittel der Kommunikation, ist heute zu einer der Techniken der Unverschämtheit geworden, mit deren Hilfe jeder Einzelne die Kälte um sich verbreitet, in deren Schutz er gedeihen kann.

Quellenverzeichnis

Wir danken folgenden Verlagen für die Abdruckgenehmigung:

Verlags AG Die Arche, Zürich: Werner Bergengruen, »Lebenserfahrungen« und »Das vierte Gebot« aus: »Dichtergehäuse«, 1966

Verlag C. H. Beck, München: Albert Schweitzer, »Das Grundprinzip des Sittlichen«, »Über den Sinn der Welt«, »Die Ehrfurcht vor dem Leben« aus: »Kultur und Ethik«

Claasen Verlag GmbH, Düsseldorf: Elias Canetti, »Ruhm« aus: »Masse und Macht«

Verlag Werner Dausien, Hanau Holle-Verlag: Blaise Pascal (Übersetzer: Joachim Schondorff), »Der Gipfel des Unbegreiflichen« aus: »Französische Geisteswelt«

Deutsche Verlags-Anstalt GmbH, Stuttgart: Albert Einstein, »Was ist Religion« aus: »Aus meinen späten Jahren«; André Glucksmann, »Über die Dummheit« aus »Die Macht der Dummheit«; Lin Yutang, »Als Gott das Weib erschuf« aus: »Weisheit des lächelnden Lebens«; Peter Bamm, »Der Wegelagerer« aus: »Anarchie mit Liebe«

Deutscher Taschenbuch Verlag, München: Seneca, »Über die Kürze des Lebens« aus: »Die Kürze des Lebens«, 1976

Eugen Diederichs Verlag GmbH, München: Dschuang Dsi (Übersetzer Richard Wilhelm), »Ruhe für die Welt«, »Glück« aus: »Dschuang Dsi – Das wahre Buch vom südlichen Blütenland«

S. Fischer Verlag GmbH, Frankfurt am Main: Stefan Zweig, »Die Kunst des Briefes«, »Ist die Geschichte gerecht?« aus: »Die Monotonisierung der Welt«, 1955; Franz Kafka, »Betrachtungen über Sünde, Leid, Hoffnung und den wahren Weg« aus: »Gesammelte Werke. Hochzeitsvorbereitungen auf dem Lande und andere Prosa aus dem Nachlaß«, 1963; »Der plötzliche Spaziergang« aus: »Gesammelte Werke. Erzählungen«, 1963; Arthur Schnitzler, »Die Frage des Weltfriedens«, »Über den Zweifel und über den Glauben« aus: »Gesammelte Werke. Aphorismen und Betrachtungen«, 1967; Laotse, »Sie wissen nicht, daß sie träumen« aus: »Die Weisheit des Laotse«,

Herder Taschenbuch Verlag, Freiburg: Cicero, »Erkenne dich selbst« aus: »Mitte, Maß und Muse«; Seneca, »Wahrer Adel«, »Sich selber treu bleiben« aus: »Texte zum Nachdenken«, 1984; Martin Luther King, »Was ist der Mensch?«, »Es gibt die Freiheit«, »Die Überwindung der Angst«, »Liebet eure Feinde« aus: »Ein Traum lebt weiter«, 1986

Holle Verlag, Baden-Baden: Mahatma Gandhi, »Ahimsa« aus: »Vom Geist des Mahatma«; Bertrand Russell, »Über die Ursachen des Glücks« aus: »Eroberung des Glücks«

Insel Verlag, Frankfurt am Main: Erhart Kästner, »Wir fallen mit Lust...« aus: »Ölberge, Weinberge«, 1974; Michel de Montaigne, »Ich habe mein Wörterbuch...«, »Was die nagelneue Tugend der Verstellkunst...«, »Ich liebe das Leben...« aus: »Essays«, 1976; Blaise Pascal, »Da die Menschen Tod, Elende und Unwissenheit...«, »Wenn ich mich mitunter daran gemacht habe...« aus: »Größe und Elend des Menschen«, 1979; Reinhold Schneider, »Der echte Inhalt einer Zeit...« aus: »Lektüre für Minuten«, 1980; Voltaire, »Was ist die Seele« aus: »Aus dem philosophischen Wörterbuch«, 1985

Klett-Cotta, Stuttgart: Gottfried Benn, »Eine reine Heiterkeit als Lebensgrund...« aus: »Briefe an F. W. Oelze. 1932–1945«, 2. Auflage 1977; »Sämtliche Werke« Bd. IV, 1989; »Das Gottfried Benn Brevier«, 1979

Alfred Kröner Verlag, Stuttgart: Epiktet, »Die Kunst zu leben« aus: »Handbüchlein der Moral«, 1984; Jean-Jacques Rousseau, »Die Verheißung der Unsterblichkeit«, »Die zweite Geburt im Leben« aus: »Die Krisis der Kultur«, 1956; Seneca, »Weise leben ist unsere Aufgabe« aus: »Vom glücklichen Leben«, 1978

Liepman AG, Zürich: Erich Fromm, »Die Liebe in der zeitgenössischen westlichen Gesellschaft« aus: »Die Kunst des Liebens«, 1956

Paul List Verlag, München: William Shakespeare (Übersetzer: Fritz Vogelsang), »Was ist die Welt« aus: »Wie es euch gefällt«

Luchterhand Literaturverlag GmbH, Frankfurt am Main: Pablo Neruda, »Ein anderes Schloß« aus: »Letzte Gedichte«, 1975

Felix Meiner Verlag, Hamburg: John Locke, »Grundwahrheiten«, »Die drei Verfehlungen gegen die Vernunft« aus: »Über den richtigen Gebrauch des Verstandes«, 1978

R. Piper & Co. Verlag, München: Hannah Arendt, »Die Macht, zu verzeihen« aus: »Vita activa«, 1981; »Wahrheit und Politik« aus: »Wahrheit und Lüge in der Politik«; Karl Jaspers, »Mitleid ist nicht Liebe«, »Giordano Bruno und Galilei« aus: »Denkwege«, 1983;

»Die Liebe höret nimmer auf« aus: »Kleine Schule des philosophischen Denkens«, 1974; Konrad Lorenz, »Die Ablehnung einer nicht zweckgerichteten Weltordnung« aus: »Der Abbau des Menschlichen«, 1983; Christian Morgenstern, »Aphorismen über Natur«, »Aus dem Tagebuch eines Mystikers«, »Sein Selbst gewinnen« aus: »Stufen«, 1984; Karl Popper, »Selbstbefreiung durch das Wissen«, »Über den Sinn des Lebens« aus: »Aus der Suche nach einer besseren Welt«, 1984

Philipp Reclam jun. Verlag, Leipzig: Voltaire, »Eigenliebe« aus: »Philosophisches Wörterbuch«, 1984

Friedrich Reinhardt Verlag, Basel: Karl Jaspers, »Über die Unsterblichkeit« aus: »Unsterblichkeit«

Rowohlt Verlag GmbH, Reinbek: Robert Musil, aus: »Gesammelte Werke. Prosa und Stücke«, 1978

Suhrkamp Verlag, Frankfurt am Main: Alain, »Der Egoist« aus: »Die Pflicht glücklich zu sein«, 1975; Günter Eich, »Ich beneide sie alle, die vergessen können...« aus: »Gesammelte Werke. Die Gedichte«, Bd. I, 1973; Theodor W. Adorno, »Zweite Lese«, »Vor allem eins, mein Kind«, »Philemon und Baucis« aus: »Minima Moralia«, 1951; Bertrand Russell, »Es gibt viele Fragen...« aus: »Probleme der Philosophie«, 1967; Ludwig Wittgenstein, »Was für eine Bewandtnis...«, »An einen Gott glauben heißt...« aus: »Tractatus logico-philosophicus«, Frankfurt 1963; George Bernard Shaw, »Geld und Ethik«, »Der Mensch lebt nicht vom Brot allein«, »Demokratie. Möglichkeit und Grenzen«, »Der Einzelne und der Staat«, »Mann und Frau« aus: »Shaw-Brevier«, 1976; Hermann Hesse, »Eigensinn«, »Der ideale Mensch«, »Der eigene Sinn« aus: »Werkausgabe«, Bd. 10, 1970; »Wir haben Angst vor dem Tode...« aus: »Die Kunst des Müßiggangs«, 1973; »Ja, die Gewalt ist das Böse...«, »Jeder, der seinen Weg geht...« aus: »Ausgewählte Briefe«, 1974; Max Frisch, »Wenn der Unselige...« aus: »Ausgewählte Prosa«, 1963

Scherz Verlag, Bern und München: Marc Aurel, »Selbstbetrachtungen« aus: »Leben nach rechtem Maß«; Dschuang Dsi, »Die Weisen des Altertums« aus: »Geschenk der Stille – Die großen Weisheiten der Chinesen«; Dschou Dun-I, »Chinesische Weisheiten« aus: »Chinesische Weisheiten. So sprach der Weise Dschou Dun-I.«

Ingeborg Studniczka, Freiburg: Baltasar Gracián, »Das große Welttheater« aus: »Criticon«

Theologischer Verlag, Zürich: Karl Barth, »Das tätige Leben« aus: »Barth-Brevier«, 2. Auflage 1979; »Lebensregeln für ältere

Menschen« aus: »Carl Zuckmayer/Karl Barth, Späte Freundschaft in Briefen«, 8. Auflage 1986

Vandenhoeck & Ruprecht Verlag, Göttingen: Gustav Radbruch, »Geduld – die Mutter der Kultur« aus: »Aphorismen zur Rechtsweisheit«, 1963

Walter-Verlag AG, Olten: Alfred Döblin, »Man soll nicht zuviel von Menschen verlangen« aus: »Unser Dasein«, 1964; Khalil Gibran, »Liebe« aus: »Das Reich der Ideen«, 1982

Autorenregister
Das Leben ist eine Reise

Autorenregister
Gedanken zur Nacht

Autorenregister
Nachtgedanken